京都 虫の目あるき

みちくさスケッチ

とびら社

もくじ

秋
Autumn

冬
Winter

春

Spring

夏
Summer

秋

Autumn

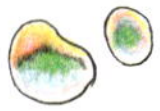

広域図

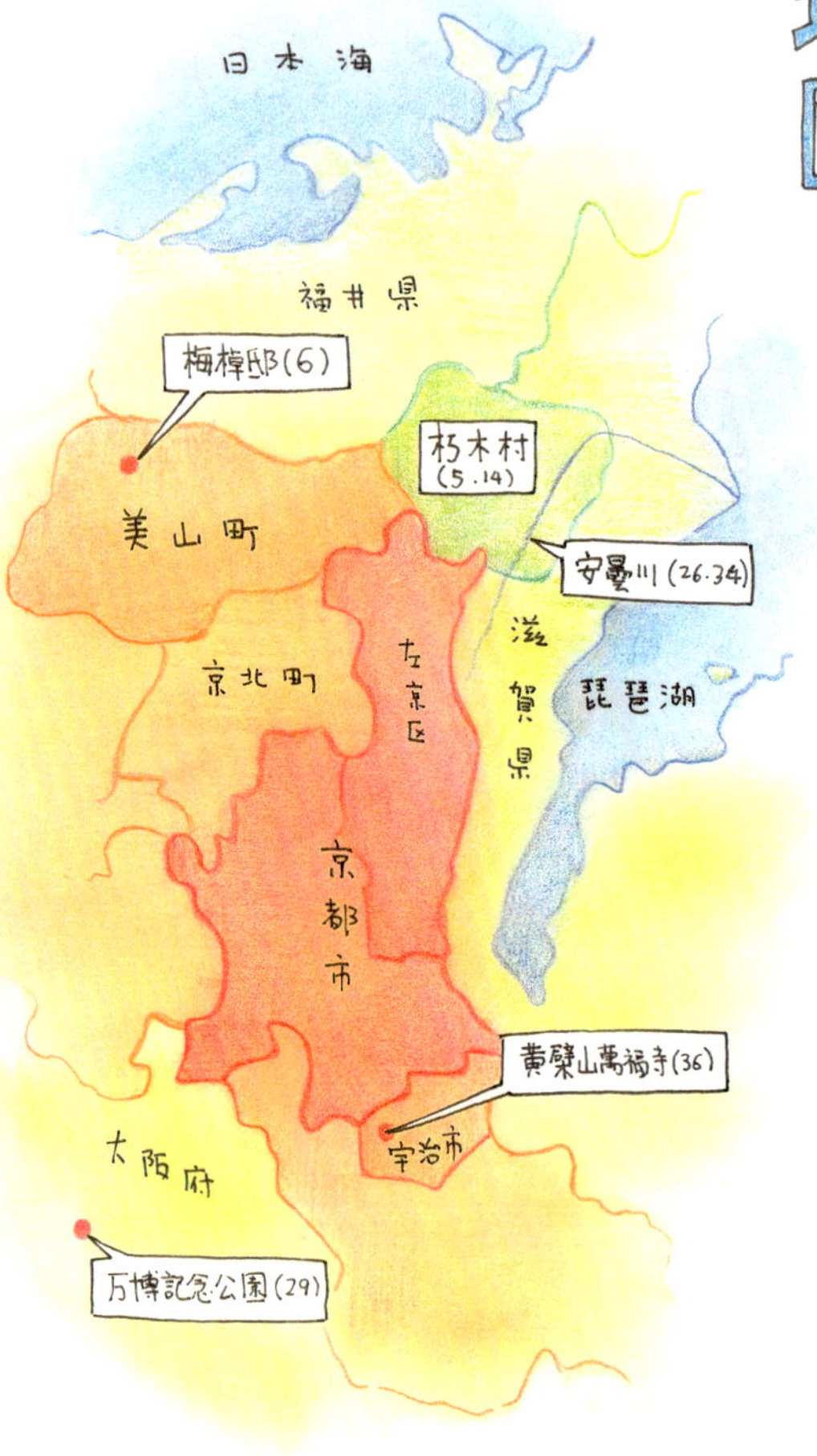

日本海
福井県
梅棹邸(6)
朽木村
(5.14)
美山町
安曇川(26.34)
京北町
左京区
滋賀県
琵琶湖
京都市
黄檗山萬福寺(36)
宇治市
大阪府
万博記念公園(29)

京都市内図
※（ ）内は第～回
鞍馬（4.40）
京都精華大学（7.22）
ガーデンミュージアム比叡（24）
妙法の法（11）
赤山禅院（33）
某ファミレス（9）
北山通
高野川
鷺森神社（23）
植物園（35）
ロングホーン（25）
曼殊院（17）
狸谷山不動院（18）
賀茂川
北大路通
知恩寺（12）
北野天満宮（16）
千本通
堀川通
京都御苑（2）
白川通
銀閣寺（39）
さがの人形の家（30）
拾得（10）
河原町通
鴨川
丸太町通
東大路通
京都市美術館（15）
嵐山（32）
西大路通
四条通（31）
烏丸通
桂川
安井金比羅宮（38）
七条通
京都駅
山科区の公園（21）
JR
九条通
東寺（13）
伏見稲荷（27）

人の目でもなく、鳥の目でもなく
虫の目と、少しの好奇心を持って歩いてみたら、
よく知っている京都の町も、ちがった顔に見えてくる。

外の空気が吸いたくなって
深夜の町を散歩する。
ナカザキ
人が寝静まりいつもより虫の声がよく聞こえる。
リーリー
リーリー
ちっちっ
リリリリーー
ちっちっ
ぎいっぎいっ
リーリー
驚いたことに町中だというのにどこまで歩いても虫の声はとぎれない。
夜の町は虫の声のネットワークにすっぽりつつまれているのだ。
今はこの町は人のものではないと言わんばかりに。
るるる
リリー
ぎっ
ちちちっ
ころころ
ぎいっ
ちっ
リー
ぎちょんぎっす
リリリリーー
虫の国のガリバーの気分。
リーリー

虫の町

03●02 第1回

(2000年10月2日)

大陸からきた虫

街中で樹上からリーリーと大きな声が聞こえるのはアオマツムシという虫なのだと知人に聞いた。明治の終わり頃に中国南部から渡ってきた帰化昆虫らしい。写真で見るとなるほどよく見る虫である。

都と海を結ぶ道

作者が夜の散歩をしているこの道は「大原道《おおはらみち》」といい、日本海と京都盆地を結ぶ若狭街道《わかさかいどう》の一部です。この街道は、福井から滋賀を抜けて京都へと続く、約六八㎞の道のり。小浜でとれた鯖に一塩して京都まで運んだことから、「鯖街道《さばかいどう》」とも呼ばれました。山に囲まれた京は、常に海産物が不足しがちでした。若狭街道は、海の幸を都へ運ぶ貴重なルートだったのです。

大原道から高野川沿いを下り、賀茂川と合流するあたりが、若狭街道の終着点、かつて都への入口のひとつだった「大原口」です。

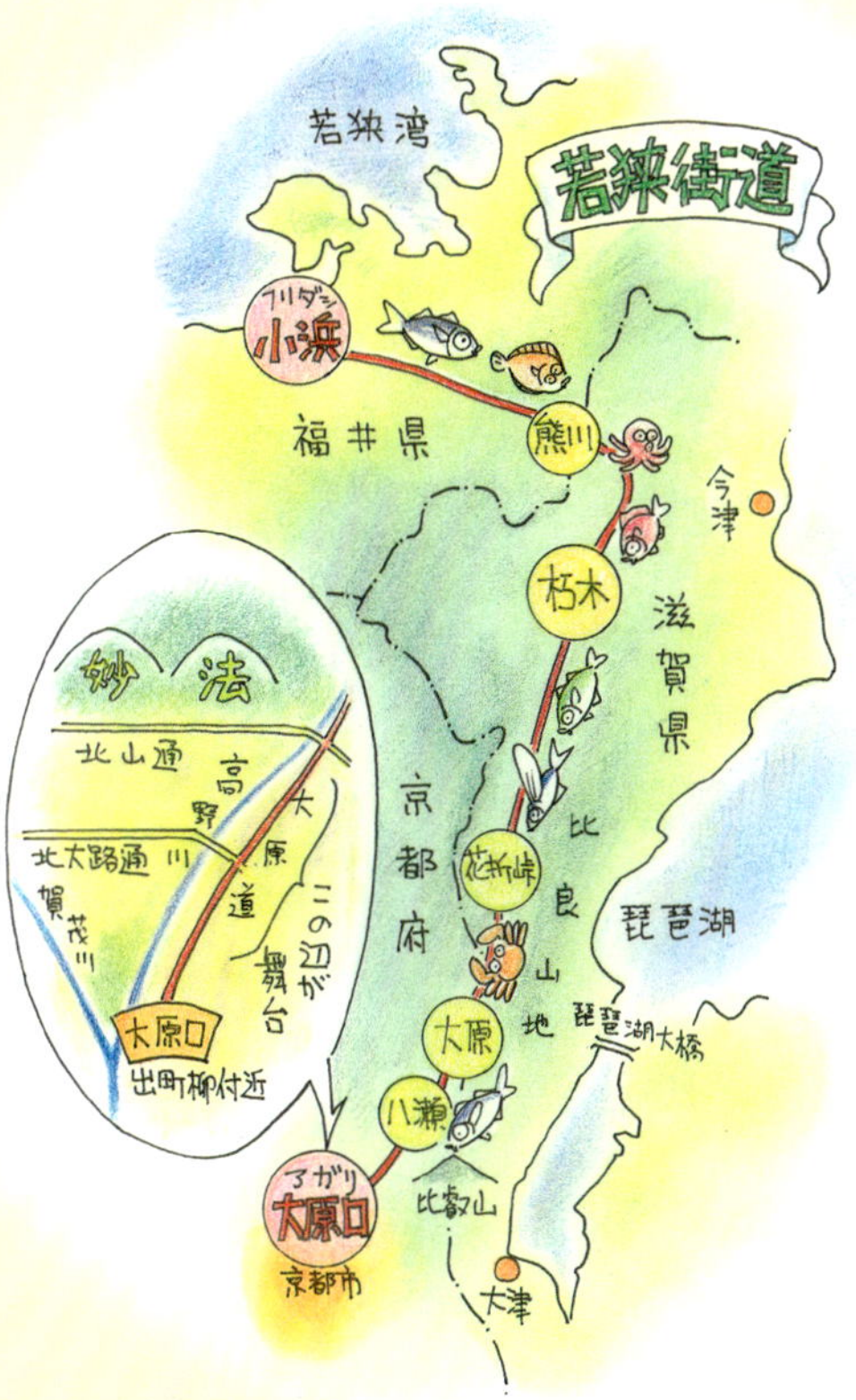

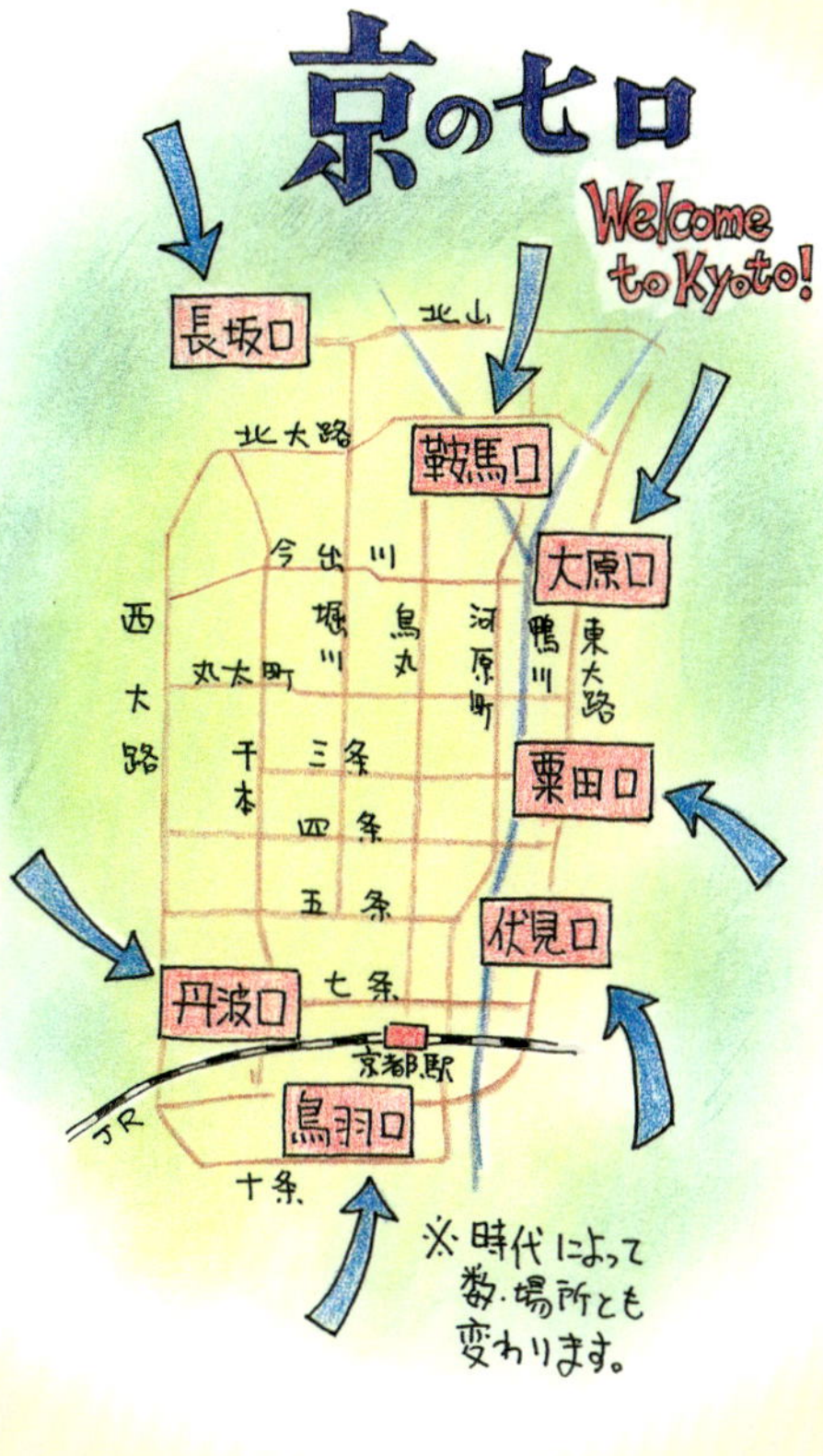

旅の入り口

京都市内には「口」のつく地名がいくつもあります。そこは文字通り、町の出入口でした。いつも右の絵のとおりだったわけではなく、七つ以上あった頃もあり、時代によって場所も移っています。

今も大原口町の名の残る寺町今出川《てらまちいまでがわ》には、江戸時代に建てられた道標があります。そこに刻まれた行先は、下かも、清水、六角堂、祇園、三条大橋、金閣寺、あたご、くらま、上加茂など二十以上。とりどりの地名を前に、どこへ行こうか？と思いをめぐらせる旅人の楽しみは、今も昔も違わないのかもしれません。

あんない

◆大原道は、叡山電鉄「修学院」下車すぐの東大路通りから一筋西の、ほぼ南北に走る通り。

京都御苑の西南に九条池という池がある。

さかなつり きんし
お、亀だ亀だ。

池に亀、いいねえ。

―などと日本情緒にひたっていたら
亀の耳が赤かった。

アカミミガメは北米原産の亀でその子どもがペットとして売られているミドリガメである。

RED-EARED TURTLE
本来日本にいる亀ではないので誰かがペットの亀を持て余して、この池に捨てたのだろう。

ごめんね、アンドリュー
これ以上あなたを養えないの。

ここなら殺生はされないわ。

幸せになってね。

アカミミのアンドリュー
―といった事情が裏にあったのかもしれないが生態系にとっていいことではない。

いいことではないけれども亀にすれば今さら他に行くあてもない、というのも事実だ。

すいすい
家鴨といっしょに日なたぼっこをする赤い耳の異国の亀はけっこう幸せそうに見えた。

とはいえやはり望ましいことではないのでペットはむやみに捨てないように!

友人宅の「家族の一員」

高木やすベーちゃん メス ?才

(2000年10月16日)

校庭の向こう側

高校が御苑の隣だった。よく自転車で中を通った。緑に囲まれた白い玉砂利の道をざりざり音を立て走る。体育の授業を御苑内で受けたこともある。校庭の延長のようなものだったのだ。

友人宅のミドリガメはすくすく育って今は一五cm近くある。

街のなかのオアシス

ふつう「御所」といえば、この御苑《ぎょえん》を指しています。京都・仙洞・大宮の三つの御所を囲むこの広大な敷地には、その昔、宮家や公家の邸宅が建ち並んでいました。

いまでは、広々とした玉砂利の道を巨きな樹々と芝生がとりまいており、のんびりと歩くだけで、ちょっとした森林浴気分を味わえます。

かつての皇宮は、読書や昼寝、犬の散歩、ジョギングを愉しむ市民や、自転車で通勤するサラリーマンで、一日じゅう人の絶えない街中のオアシスになっているのです。

亀のいる庭

異国のカメのいる池は、公家であった九条家の邸宅跡地です。池の前に建つ神社「厳島《いつくしま》神社」は、平清盛が安芸の厳島神社の神霊を移したものだそうな。どこまでも広々とした趣きの御苑にありながら、このあたりは密な木々に囲まれて、「秘密の庭」さながらの雰囲気です。

京都御苑
地下鉄今出川
今出川通
今出川御門
乾御門
石薬師御門
烏丸通
京都御所
建礼門
迎賓館建設予定地
梨木神社
清和院御門
蛤御門
本当に並の大通りよりずっと広い
大宮御所
母校（高校）門がお寺みたい
仙洞御所
中立売御門
ここで昔体育をした
寺町御門
下立売御門
破風形鳥居
鳥居の形が独特
九条池
すぃー
富小路広場
寺町通
ハトも
ネコ多し
厳島神社
地下鉄丸太町
風流な交番
堺町御門
テニスコート
丸太町通

あんない

◆京都御所の一般公開以外の参観問い合わせは宮内庁京都事務所庶務課（075-211-1211）まで（仙洞御所も同、大宮御所は非公開）。

近くの公園の桜が今年も花をつけた。
この桜は毎年この季節にちらほらと花をつける。
ーというマンガを描こうと思ってカメラをかまえたのだ。
ココ
きゃー
写真、とられるー
…………
なんでやねん
くすくす
そろそろ
きゃー
パシャ
ーで、またすぐ
おいちゃん写真とってください。
誰がおいちゃんや。
おいちゃんやけど
きゃー
ぱしゃ
ーフィルム切れてもうたやん。
じー
おいちゃんバイバーイ
だから誰がおいちゃんだ。
(おいちゃんだけど)
桜の話のつもりだったんだけどね。

（2000年10月23日）

秋の桜の話（予定）

07●06

第3回

季節はずれ

秋の桜、というのは気をつけて見るとそれほど珍しいものではないらしい。葉を落とした後の桜の枝にひとつふたつ花がついている。

どこにでもずれたやつがいるものだと共感したりもする。

といえば桜には迷惑かもしれないが。

万葉気分で紅葉狩

秋といえば、桜より紅葉。

モミジといえば、手のひらのような星のような、イロハモミジの葉っぱを思い浮かべます。

ところが、万葉人《まんようびと》にとっての「もみぢ」は、特定の葉の呼称ではなく、秋に落葉樹が赤や黄に色を変える現象そのものをそう呼んでいたのだそうです。『万葉集』ではこの「もみぢ」に、黄葉・黄変・黄・赤葉・赤などの文字があてられており、紅葉というよりはむしろ「黄色い葉」だった例のほうが多いのだとか。

京都市内はどこを散策しても紅葉がきれいですが、時にはイロハモミジだけでなく、さまざまな「もみぢ」を楽しんでみませんか？

京都の秋の彩り
イチョウ
ぎんなん
街路樹
モミジバフウ
高野川上流沿いなど
モミジバフウの実
ケヤキ
白川通
ハゼノキ
ツタ
センリョウ
ムラサキシキブ
ニシキギ
枝に四角い羽
町中の庭
メタセコイア
紅葉もきれい
ソメイヨシノ
ユリノキ
烏丸通 プラタナスと混って
トウカエデ
近所の公園
コナラ
京都の山がオレンジ色に色づくのは大部分この木
この辺

10月22日
鞍馬の火祭
サイレイヤ
サイリョウ
サイレイヤ
サイリョウ
ダダン
サイレイヤ
サイリョウ
サイレイヤ
サイリョウ!
え?
鞍馬
KURAMA
貴船口
去年は最後まで見て終電間にあったのに。
おかしいなぁ
しかたなく鞍馬駅の待合室で始発を待った。
筆者
居残り組は十数人。
火祭の頃にしては暖かい夜だったけど夜が更けるとさすがに冷える。
さぶっ
缶ジュースの自動販売機は暖かいのか、カメムシが集まっていた。
三時すぎに雨が降り始めた。
さっきまで炎につつまれていた山を雨が静かに冷ましていった。
始発直前に見に行くと山門前で残り火が最後の抵抗を続けていた。

(2000年10月30日)

踊る炎

火を見るのは楽しい。複雑に揺れ動き、決して同じ形にはならない。百数十本もの松明が灯される鞍馬の火祭はそれだけでも出不精な僕を外に引っ張り出す魅力がある。おばさんたちが叩く太鼓もかっこいい。なぜかこれは女性に上手い人が多いような気がする。

ふたつの顔を持つ山

鞍馬《くらま》駅へ降り立つと、山のやさしい空気に体が包まれます。きらら号で緑（秋は紅《くれない》）のトンネルをくぐること半時間。鞍馬寺の門前町として拓けたこの地は、いまもどこか懐かしい、鄙《ひな》びた風情を残しています。

山道を抜けるとそこは貴船《きぶね》。うって変わって典雅な雰囲気。平安貴族も訪れた避暑地で、いまも夏には川に床が並びます。水神を祀る縁結びの貴船神社には、和泉式部が夫の愛を取り戻すために詣でたそうです。

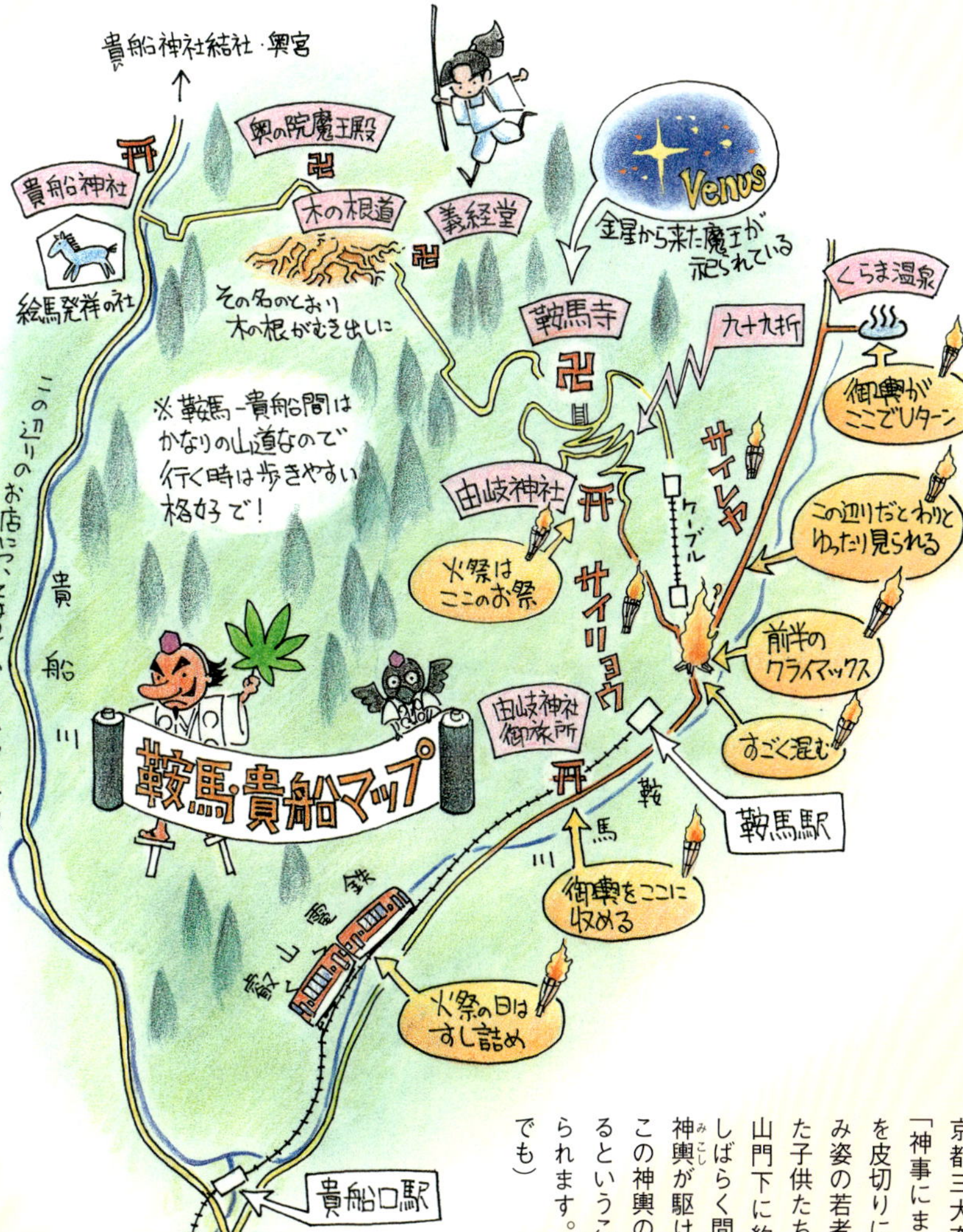

貴船神社結社・奥宮
奥の院魔王殿
貴船神社
木の根道
義経堂
絵馬発祥の社
その名のとおり木の根がむき出しに
Venus
金星から来た魔王が祀られている
くらま温泉
鞍馬寺
九十九折
御輿がここでUターン
※鞍馬ー貴船間はかなりの山道なので行く時は歩きやすい格好で！
この辺りのお店については他のガイドブック参照
貴船川
サイレヤ
ケーブル
由岐神社
この辺りだとわりとゆったり見られる
火祭はここのお祭
サイリョウ
前半のクライマックス
由岐神社御旅所
すごく混む
鞍馬貴船マップ
鞍馬駅
鞍馬川
御輿をここに収める
叡山電鉄
火祭の日はすし詰め
貴船口駅

原始の力に酔う

京都三大奇祭として知られる火祭。「神事にまいらっしゃれ」の先触れを皮切りに、大松明《たいまつ》を持った締め込み姿の若者たちや、小松明を手にした子供たちが練り歩きます。やがて山門下に約三百本の松明が集まり、しばらく間をおいて、由岐《ゆき》神社から神輿《みこし》が駆け下り、町内を巡行します。この神輿の縄を触ると安産に恵まれるということで、女性の姿も多く見られます。（火祭については最終回でも）

あんない

◆鞍馬へは、叡山電鉄「出町柳」から鞍馬線で。貴船へは叡山電鉄「貴船」から京都バスに乗り換え（日祝4便のみ・冬季運休）。パノラミック電車「きらら号」の運行については叡山電鉄ホームページ（http://www.keihannet.ne.jp/eiden/）あるいは運輸課（075-781-5121）まで。

木を伐る

11●10

第5回

滋賀県朽木村で山仕事の体験学習をする。
まず杉・ヒノキ林の間伐。
木の伐り方
①木の倒したい側にのこぎりで切れ目を入れ、
直径の1/3
②ナタで切りこみを入れる。これを「受け口」という。
30°〜45°
③反対側、受け口の下から2/3の高さに切れ目を入れる。これを「追い口」という。
2/3
1/3
直径の1/10くらい残す。この部分をツルという。
④押す。
メキメキ
ツルが蝶つがいの役目をする。
絵で描くのは簡単だけどね。
やってみるとこれがなかなか大変だ。
ギコギコ
中腰なので腰が痛くなるし、ナタなんて思ったとこに当たらない。
グシャ
あーりゃ
自慢じゃないが日頃ペンより重いものなんて持たないのだ。
ここまで育ってきた木には悪いが倒れる瞬間は爽快だ。
林の中も見違えるほど明るくなる。
メキメキメキメキ
おお
間伐材は売っても一本五〇円くらいですね。
五〇円ですか…
島田先生
枝打ちもしましたよ。
高いとこ苦手なんすけど…
すいすい
足あげて
まき割りは三角形になるように割っていくのがコツ。
絵で描くのは簡単なんだけどね。

(2000年11月6日)

遠くのお隣

今回と第十四回は里山の仕事を学ぶ一年間の体験講座を受講した時の話。朽木《くつき》村まで地下鉄とJRとバスを乗りついでいくとけっこうかかるので、かなり遠い場所のような気がしてたけど地図で見ると京都市左京区は滋賀県朽木村と北の方で接している。

ちょっとびっくりした。

山仕事あれこれ
木の登り方
① 静止した状態
重心をうしろに
② 右足を上げる。
摩擦で止っている。
③ 左足を引き上げる。
④ 腰まわりのロープを上げる。
↓ ①に戻る。
いや、とてもこうそっそうとはいきませんでしたけどね。
前から見たところ
力
力
ゆるむ
力
ミニ 炭俵作り
長さをそろえた炭
くるむ
←型用の板
完成
←こういう道具でススキをあみこむ
伐った木を出す
マンリキ
打ちこむとなぜか抜けなくなる。
かつぐよりだいぶ楽
ずるずる
橋を作る
切った木で小川に橋をかける
こーん

あんない

◆朽木村へは自動車なら若狭街道（第１回）を北上すること２時間あまり（巻頭の広域地図を参照）。

美山町で陶芸をしているマヤオさんのお宅でホームコンサートをするというので前日からおじゃまする。
こんにちはー
すでに何人もお客さんが来ていて
厨房の一番奥ではサンタクロースみたいなおじさんが黙々と魚をさばいていた。
リュート奏者のつのだたかしさんだ。
その晩世界的リューティストは自らすしを握り
マヤオ氏
古いアメリカのポップスを合唱し、
ぴー
女の子に指笛を教えるのだった。
すー
鐘が鳴る時どこかで天使が翼を手に入れる。
ちりちりりん
──というのは映画「素晴らしき哉、人生」のセリフだが
翌日その音を合図につのだたかしさんはルネサンス絵画の天使達の弾く古い楽器を奏で始めた。
帰りに僕はつのだたかしさんのクリスマスアルバムを買った。
オススメ
CHRISTMAS PAS
クリスマス・パスト
アンサンブル・エクレジア
ぴー
!

十二月のクリスマス

13●12

第6回

（2000年11月20日）

つのだたかしさん

つのだたかしさん率いるタブラトゥーラの演奏をはじめて生で聞いたときの感動は忘れられない。楽しくてへんてこりんで祝祭的な音楽だった。マヤオさん宅で聞いたのはつのださんの静の顔。お兄さんでマンガ家のつのだじろうさんの話を聞けたのもうれしかった。

マヤオさんの美山自慢

美山のええところ？　……全部ええよ。食べるもんに恵まれてるんよね。春の山菜。川魚。夏は野菜がなんぼでもあるし、秋は松茸とか。若狭湾から車で四〇分やから、日本海のおいしいお魚がなんぼでも手に入るし、肉は美山牛とか、猪やら鹿肉やら。そういえばいまも冷蔵庫に、近所の猟師さんにもろた鹿の足一本入ってて、あとで捌《さば》かんなあかんのよ。

とにかく、普通やったら手にはいらんもんがいっぱいあるんよね。普通のもんは普通に手に入るし、のんびりしてて、景色はいいし、季節ごとに楽しめる。渓谷の秋とか。春の芽吹きの、木の先からちろちろ出てくるとことかね。

冬はクロカンスキーやね。家の前でスキーはいて、田んぼづたいに行くと、横なぐりの雪が舞って、墨絵の世界なんよ。そこに、おいしいパンとワインと持って出かけて、ほんとに桃源郷やね。そういうことができるところなんよ。

（梅棹マヤオ談）

唐戸渓谷
さらに奥に行くと
広大な芦生原生林

まるで民話の世界のような かやぶきの里・北村.
美山では他にも多くのかやぶきの民家が残されている.
マヤオさんのうちも 昔の庄屋さんの家.

あんない

◆美山へは長坂口（第１回参照）辺りから自動車で２時間たらず（巻頭広域地図参照）。
◆この茅葺きの家（梅棹氏宅）のお食事処「厨房ゆるり」は要予約（0771-76-0741）、詳細は http://www.webkit.jp/~mamy/ を。

さくさく
コナラのどんぐりだ
精華大学裏の雑木林を歩いた。
コナラの紅葉も悪くないなぁ
地味だけど
パラパラパラパラ
コン
いてっ
あれ？この実
さっきのとちがう
かりっ
あ、これシイの実か
もぐもぐ
ナラやカシのどんぐりはそのままでは食べられないがシイの実は食べられる。
○
×
×
ツブラジイ
アラカシ
コナラ
集めて持って帰ることにした。
シイの実を食べるのは初めてなのでインターネットで調理法を検索する。
じゃまな猫だなぁ
カチャカチャ
ぐー
シイの実クッキーなんてのもあったけど結局、ただフライパンでいるだけにした。
カラカラン
香ばしくてほのかに甘かった。

(2000年11月27日)

木の実を食べる

15●14

第7回

実のなる木

以前、桂川の土手に生えている木がヤマグワだと知り、おそるおそる実を口に運んでみたら、甘酸っぱい味がした。

シイ、ヤマグワ、ヤマモモ、ムクノキ。

自然になっているものがそのまま食べられて、しかもおいしい。

自分が自然の一部であることを実感できる瞬間。

雑木林の友達

北の宝ヶ池《たからがいけ》・深泥池《みどろがいけ》の周辺、東には大文字山や吉田山。西なら船岡山《ふなおかやま》に双ヶ丘《ならびがおか》など、市街地のすぐ近くにもぶらっと散策するのにもってこいの雑木林がたくさんあります。

寺社仏閣や史跡めぐりにちょっぴり疲れたら、木立の中を歩いて、自然の力をわけてもらいましょう。

もちろん、ゆったりと歩くだけでも心地いいのですが、ほんの数種類かでも樹たちの名前を覚えておくと、楽しみが増します。知っている木を見つけると、まるで友達に出会ったような親しみが湧いて、なんの変哲もない林が、まったく違う顔に見えてくるのです。

あんない

◆宝ヶ池周辺は第 9 回を参照。大文字山は第 19 回を参照。吉田山は第 12 回を参照。

◆船岡山は北区大徳寺近辺、双ヶ丘は右京区太秦近辺。

あ
鳩の足にビニールの袋がひっかかった。
賀茂川の河原で鳩にえさをやっている間のアクシデント。
ぼちゃん
ビニール袋に水が入って飛びたてない。
ばしゃばしゃ
鳩は懸命に岸に向って泳ぐ。
あーかわいそうに
……
さおかなんかいるかな。
などと思って僕がうろうろしていた間に鳩は警官隊の決死の活躍によって無事救出されたのであった。（実話）
ありゃ
パチパチ
結局手ぶら
よかったねえ。
高橋さんは二十二年間ここで鳩にえさをやっている。
ぶるるるっ
クークークー
集まってくる鳩も一羽一羽見分けがつくという。
怪我をした鳩は家でめんどうを見ている。
今は3羽いますねん。
彼（彼女？）もしばらくごやっかいになることになったのだった。
く！

（2000年12月4日）

ハト危機一髪

17●16

第8回

冬の鳥

冬の鴨川といえばユリカモメ。カムチャッカからはるばる京都にやってくる。

そのユリカモメが京都に来るようになったのは実はけっこう最近のことで最初に確認されたのは一九七四年だそうだ。

これもそのとき高橋さんに聞いた話。

HELP!

「じゃあ鴨川にでも」

京都で川といえばまず「かもがわ」。八瀬からの高野川と合流するまでを「賀茂川」、そこから下流は「鴨川」と記すのが一般的です。

河川敷は古くは禊《みそぎ》・葬送・刑の場、阿国歌舞伎《おくにかぶき》発祥の地でもあります。落書《らくしょ》（匿名の風刺文書）が掲げられていたということからも、皆が群れ集っていた様子が目に浮かびます。

人が河辺に集うのは今も変わらず、ジョギングに犬の散歩、楽器練習や読書（昼寝）など、思い思いに過ごす人の影が絶えません。春は花見、夏には花火で賑わいます。

川風そよぐ夕涼みスポットでもあり、三条から四条にかけて、測ったように等間隔に坐るカップルの姿は、付近の名物のようになっています。

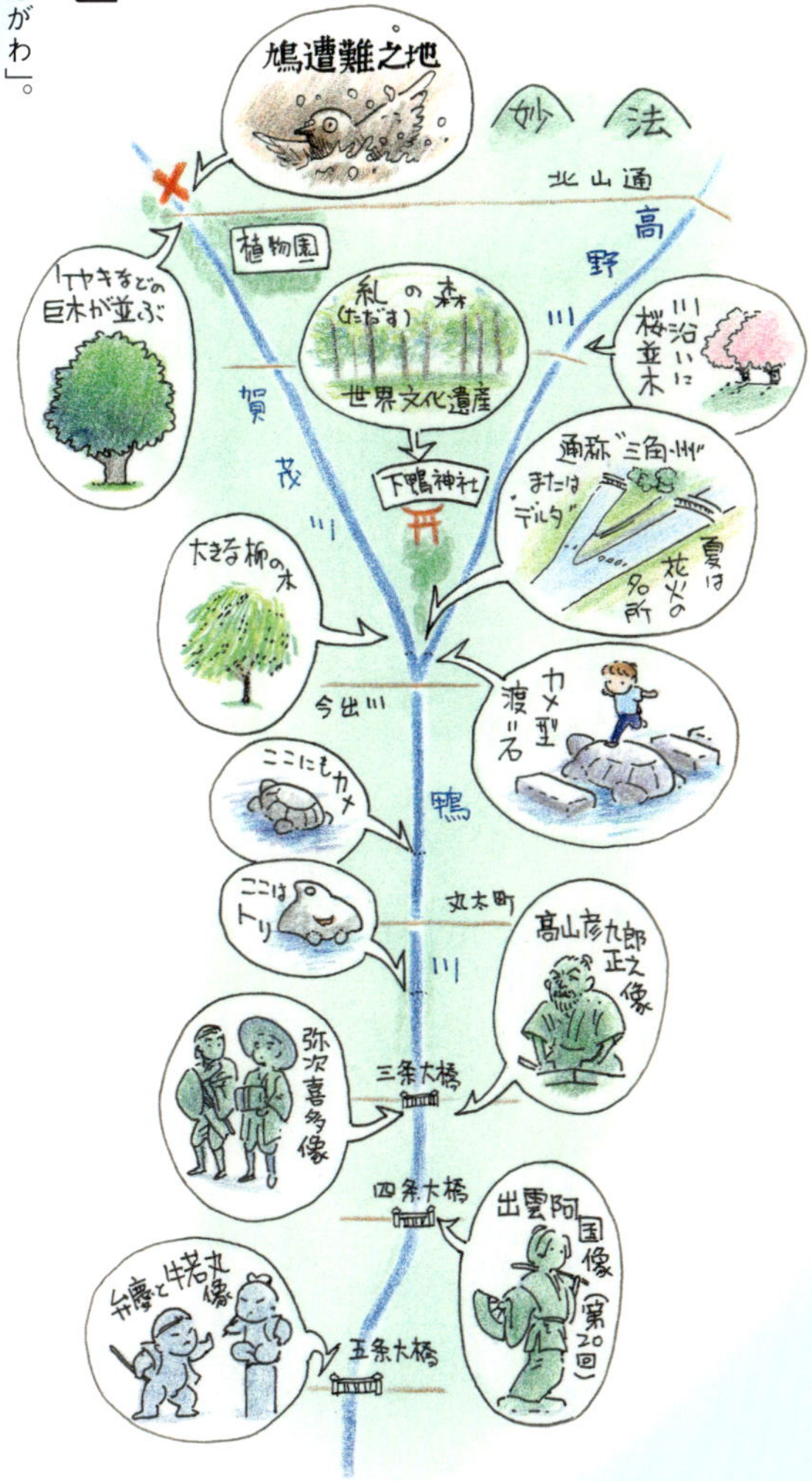

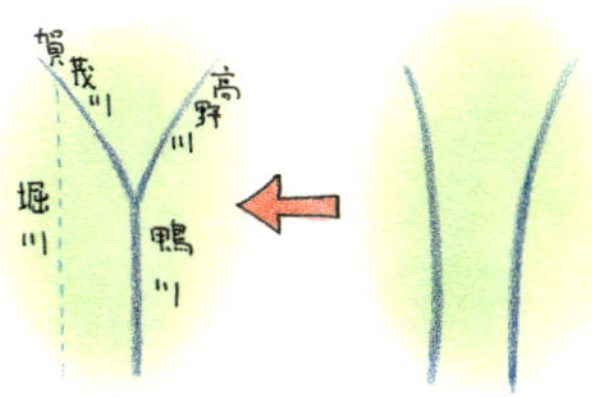

ゆく川の流れは

上賀茂から南東へ進み高野川に合流という流れは、じつは人工的なものなのだそうです。もとは現在の堀川の位置をまっすぐ南下していたとか。平安遷都で改修された、いや、すでに秦《はた》氏が動かしていた、などと諸説あるようですが、いずれにしても、京の「Y字」が人の力で作られたものだとは、不思議な気がしますね。

じゃ前九年の役は？

え？

何年やったっけ
出るかなそんなん。

あ、コーヒーおかわりお願いします。

前九年の役って何だっけ…

いや、それよりネーム(※)だ。

なんとか24ページで…

！

(※)マンガの脚本、みたいなもの
初雪だった。

深夜コーヒー一杯でねばっていた北山通の某ファミリーレストランでのこと
わぁ雪。

もう本格的に冬なんだなぁ。

などと季節の移り変わりに思いをはせていられるのは暖かい店の中にいる間だけ、
びゅうううう。。

ひー
自転車乗りには辛い季節だ。

ところで前九年の役は一〇五一〜六二年。「一応合意の前九年」と覚えるらしいぞ、受験生諸君。

(内容は自分で調べること)

1051《イチオーゴーイ》

（2000年12月18日）

真夜中のファミレスで

19●18

第9回

ファミレス族

ファミレスはマンガのネームを書くのに向いている。深夜もやっていてテーブルが広くて明るくてコーヒーのおかわりができる。よく医大生たちが勉強会をしたり、ベンチャービジネスのグループがミーティングをしたりしている。夜更かし人間にとっては貴重な場所だ。

ポストモダンと野菜畑

京野菜の畑が広がっていたこの地に初めて店が建ったのは一九六五年。いまでは市内きってのお洒落な通りとなりました。現代建築の大御所たちが手がけた建物が立ち並び、ただ歩くだけでも退屈しません。評判のケーキ屋や可愛い雑貨店、手づくり腕時計、お香や和食器の店、小粋な料理屋など。洗練されていながら冷たい印象にならないのは、ポストモダン建築の間の野菜畑、南側に広がる植物園、合間に望む山並が、ゆったりした雰囲気を漂わせるからでしょう。買い物目当てでなくても歩いてみたくなる場所です。

青空美術館

安藤忠雄設計の「庭」に飾られた、ミケランジェロ、ダ・ヴィンチ、モネなど、八点の世界の名画。永久保存できる陶板に焼きつけられた名作を、青空と水の流れの中で鑑賞できます。コンクリート打ちっぱなしの無機的な建物と、その向こうに見える植物園の自然、名画の美が、不思議な調和を作り出します。植物園との共通入場券もあります。

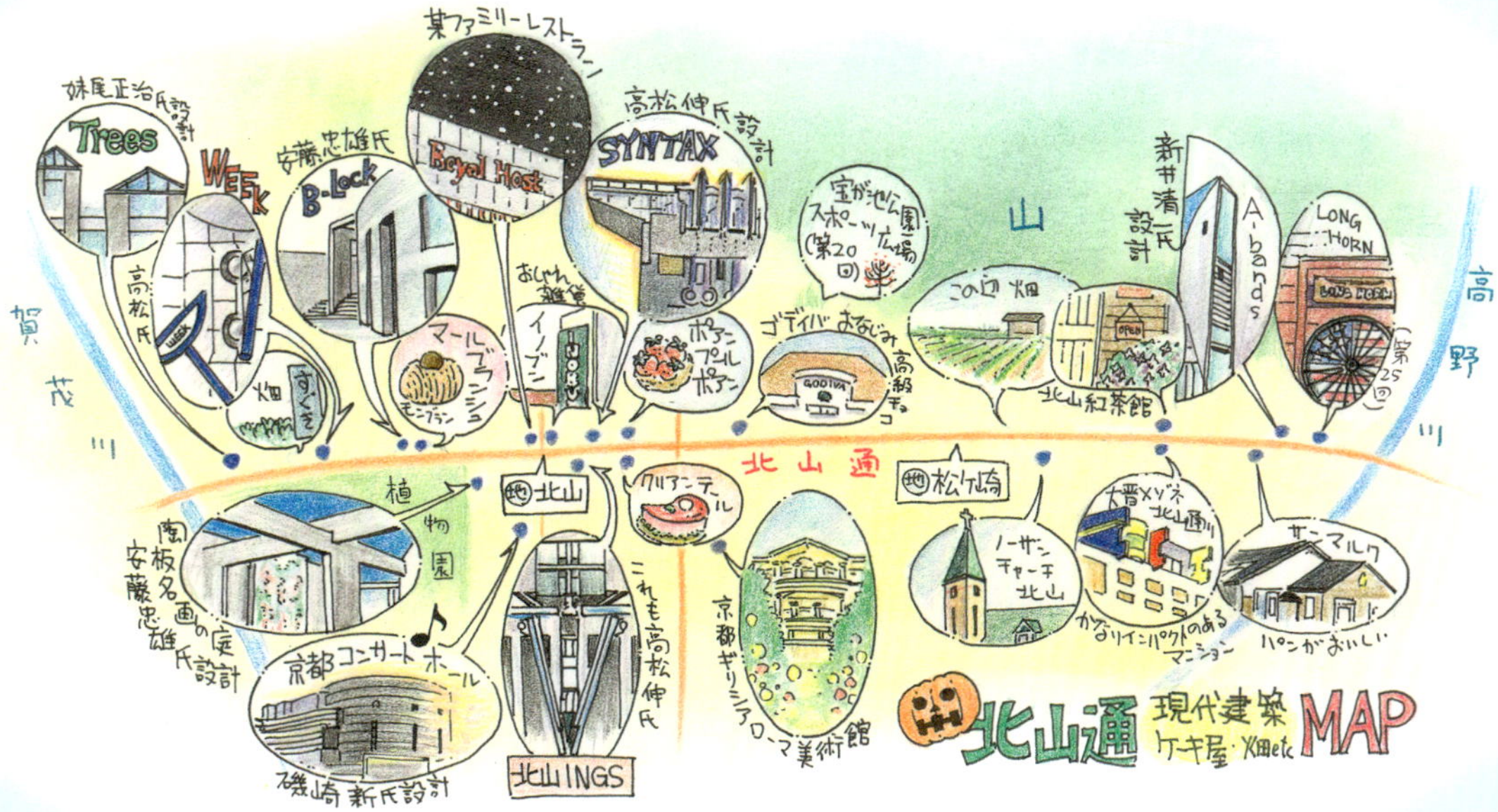

現代建築でクラシック

一九九四年オープンの、大胆な曲線が美しい京都コンサートホールは、磯崎新の設計。大ホールには、和楽器の音色も奏でられるパイプオルガンがあります。演奏会の後は、フレンチレストラン「ラ・ミューズ」でお食事でも……。

あんない

◆賀茂川・高野川は第 1 回、通り北側の山は第 11 回や第 22 回、植物園は第 35 回も参照。
◆陶板名画の庭は 075-724-2188、北山紅茶館は 075-721-8586（http://www.ave-kitayama.net/kochakan/）。

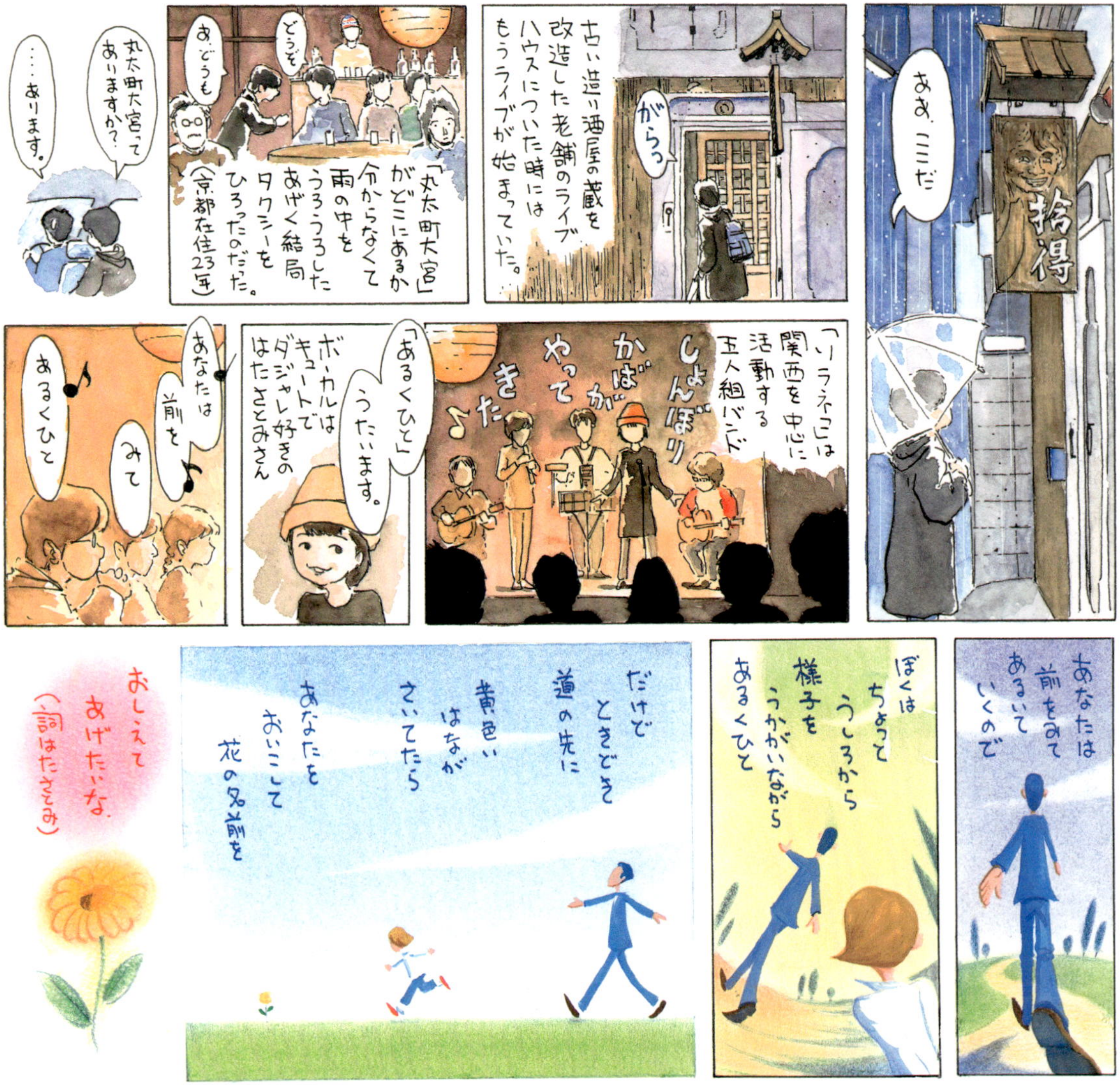
拾得
ああ、ここだ
古い造り酒屋の蔵を改造した老舗のライブハウスについた時にはもうライブが始まっていた。
がらっ
どうぞ
あ、どうも
「丸太町大宮」がどこにあるか分からなくて雨の中をうろうろしたあげく結局タクシーをひろったのだった。(京都在住23年)
丸太町大宮ってありますか?
……あります。
「リラネコ」は関西を中心に活動する五人組バンド
しょんぼりかばがやってきた♪
「あるくひと」うたいます。
ボーカルはキュートでダジャレ好きのはたさとみさん
あなたは
前を
みて
あるくひと
あなたは前をみてあるいていくので
ぼくはちょっとうしろから様子をうかがいながらあるくひと
だけどときどき道の先に黄色いはながさいてたらあなたをおいこして花の名前を
おしえてあげたいな。(詞はたさとみ)

(2000年12月25日)

碁盤の目の表しかた

京都では場所をいうのに町名よりも東西と南北の通り名を組み合わせたものをよく使う。河原町通りと四条通りの交差点は四条河原町、烏丸通りと御池通りなら烏丸御池。丸太町通りと大宮通りであれば丸太町大宮となる。もちろん、実在する。

ラ・ソラネコ！

五人は、
全く別々の場所にいたのに、
とても自然に出会っていた。
違う五色がまざりあうと
新鮮な液体ができた。
とてもよい匂いで
予測不可能な刺激のある味。
心地よく酔っ払ってしまう。
それは、人生。
恋人の鼻毛。
赤ん坊のため息。
宇宙の向こう側。
細胞のおなら。
ラ・ソラネコ！

はたさとみ

ビックリおもちゃ箱楽団

五人が繰り広げるのは、優しいようで毒のある、懐かしいようでアバンギャルド、切なさのなかにポップさの同居する不思議な音楽。色んな仕掛けや紙芝居まで登場するライヴに行けば、どこにもなかったのにどこかで探していた音楽に出会えるはず。ちなみに、連載当時「ソラネコ」だったバンド名は、姓名判断により（!?）ラ・ソラネコ！に改名されたそうな。

酒蔵ライブハウス

拾得《じっとく》は日本のライブハウスの草分け。酒蔵を改造してつくられていて洒脱。酒樽の椅子に、畳のスペースなど、落ち着いて音楽を楽しめます。三上寛、ダウンタウンブギウギバンド、サザンオールスターズ、くるり、ジッタリンジン、つじあやの（店員だった）なども活躍しました。24時まで開いており、ゆっくりお酒や食事を楽しめます。玄米定食が人気。

あんない

◆ラ・ソラネコ！については http://www.tanoshiya.com/neko/ を、拾得については http://www.live-schedule.com/jittoku を。

あれっ・
ぽつん
ちょっと降ってきたかな。
宝ケ池の南側から山に登る。
少し歩くと開けた斜面に出て
京都の町が一望のもとに見渡せる。
ここは「妙法」の法の字なのだ。
現在地
法
大晦日の送り火の時の炭がまだ残っている。
20世紀最後の夜を照らしたたき木のあと。
あ
ぱら ぱら
また降ってきた。
西の方、晴れてるのになあ。
ーということは ひょっとして向こう側は…
わ
虹は空に住む蛇だという神話が世界中にあるそうだ。
虹
この「虫」ももとは「蛇」の意。
中国の虹は竜の一種らしいですが。
21世紀の始めの大蛇はほんの一時七色のしっぽを見せて、
それからふわりと大気にとけた。

(2001年1月15日)

冬の五山送り火

五山の送り火といえば夏の風物詩なのだけど、二〇〇〇年の大晦日には世紀の変わり目のイベントとして五山に火が灯された。お盆以外に五山送り火が行われるのは初めてではないらしいが妙なものである。

21世紀最初の年は巳年で、年賀状にも虹の蛇を描いた。これはその流用。

夏を送る炎

八月十六日の「送り火」は、京都の夏の終わりを告げる風物詩です。午後八時に「大」が点火され、「妙法」「船形」「鳥居」……と続きます。
かつては「い」「一」「蛇」などの文字もあったそうですが、現在残っているのはこの五つ。そこで「五山」と総称されていますが、それぞれは独立した別々の行事です。

大文字

山麓の浄土寺が炎上した時に、本尊阿弥陀佛が山上に飛翔し光明を放ち、それを真似て実施した火の儀式を、弘法大師が「大」字に改めた、とか。

市内では建物が邪魔をして、これら五山を一望するのは難しいのですが、ひとつでも多く見たい方には、吉田山（左京区）や船岡山（北区）がお薦めです。暗くて足許が危ないので、懐中電灯をお忘れなく。
ところでこの行事は「五山の送り火」であり、断じて「大文字焼」ではないことに御注意を（同名の今川焼きのようなお菓子は銀閣寺道で売られていますが）。

妙・法

文字の並びが左から右であることからもわかるように、それぞれ別由来（いずれも日蓮宗ですが）。「法」の点火後、涌泉寺で題目踊があります。

船形

精霊船と呼ばれます。西方寺の開祖円仁《えんにん》が唐留学の帰途、暴風雨に逢ったところ、念仏を唱えて無事帰国できたので、その船を象ったそう。

左大文字

衣笠街道町にある法音寺の灯明から大松明に火を移して親火とし、点火します。護摩木《ごまぎ》は当日の午前中、金閣寺で受付けています。

鳥居形

火皿に松明《たいまつ》をのせて灯されます（他の四つは松の木を井桁に組み点火）。空海が石仏千体を刻み、その開眼供養の折がはじまりと伝えられます。

あんない

◆送り火「スポット」に関しては京都新聞ホームページ（http://www.kyoto-np.co.jp/）に詳しい。

手づくりフリーマーケット

25●24

第12回

知恩寺の手づくり市を見に行く。
毎月十五日に開かれる手づくり品だけのフリーマーケット。
手づくり市
見てってくださーい。
甘酒どうですか。
あ、これどう？
ハニワサボテン ¥1000
あ、これかわいいなぁ。
一個どうですかーっ。
手にとってくださいー
うーん
絵を売る人
寒いねえ。
いや、でも晴れてくれてよかったよ。
木版画
ありがとうございまーす。
陶器を売る人
おーきに。
お兄ちゃん味見してって。
キムチを売る人
ここをこうして
笛を売る人
ぴー
す～～
手作り世界の笛
で、僕は結局王冠みたいなサボテンを頭にのせたやきもののハニワの鉢を買いましたよ。
はにー
めちゃラブリー

（2001年1月22日）

百万遍

知恩寺のある百万遍界隈は大学時代のテリトリー。授業をさぼってはこの辺りの古本屋を回った。少し店が入れ替わったりしているけど、あまり雰囲気は変わっていない。このとき買ったサボテンは少々しなびながらも今も部屋の窓際にいる。

はに

雑貨、古本、大念珠

雑貨に食べ物、ハニワまで、手づくりが原則のフリーマーケット、「手づくり市」。また、恒例の古本まつりには「本の病院」が建ち、「古本供養」も営まれます。

こうして皆に親しまれている百万遍知恩寺は、浄土宗七代本山のひとつ。八世善阿上人が、京に蔓延していた疫病を七日間の百万遍念仏で鎮めたことから、後醍醐天皇より百万遍の寺号を賜ったそうです。お堂を一周する数珠（ひと珠八㎝）を皆で廻して念仏する「大念珠繰り」も有名。

自転車で行こう

百万遍《ひゃくまんべん》は学生の町。角に京都大学、同志社大学や府立医科大学も近く、かつては立命館大学もこのエリアにありました。だからいまでも、安い食堂・喫茶店・居酒屋、古本屋などが並んでいます。

この交差点の周辺は、東大路今出川《ひがしおおじいまでがわ》ではなく「百万遍」と呼ばれます。他にも、東大路なら高野（北大路）・熊野（丸太町）・祇園（四条）、西大路なら白梅町《はくばいちょう》（今出川）・円町《えんまち》（丸太町）・西院《さいいん》（四条）など、色々な辻の名をマスターするのが京都通への第一歩かも。

学生向け 飲み屋 喫茶店etc
出町柳
百万遍
知恩寺
手づくり市
ここのナラのテーブルは人間国宝黒田辰秋作
進々堂
でかい
子安観世音
銀閣寺（第39回）
今出川通
東大路
立て看
NF
11月祭
劇団X
京大総合博物館
自然史
文化史
フロイト
マルクス
古本屋と学生向け食堂多し
ここにも巨大地蔵
参道
吉田山
この辺に通っていた
京都大学
町中にいきなり山がある感じ
吉田神社
節分祭が有名
百万遍マップ

あんない

◆手づくり市は毎月15日（雨天16日）の9:00～夕暮れまで。主催は知恩寺ではないので問い合わせ不可。吉田神社については第14回、吉田山については第19回なども参照。

前日の大雪が嘘のような上天気。
がさっ
どうやっ
二週続きのフリーマーケットネタですが
今回は東寺の初弘法に来ています。
当たれば切れる さわれば切れる
ざくざく
六代目 直次郎
堺
包丁はこわくない こわいのはふりまわす人間の方
すっすっ
包丁は厄よけ魔よけ 包丁くらい切れるの使いなさい
二本で特別千円 柄と鋼の実費代!
ばん
—でその帰りぎわ
兄ちゃん、甘酒飲んでる間これ預かって。
はい?
お好み
あ おいっ
こらっ
ビール飲むか
あの…
ずずっ
かーわいいー♥
もてもて(猿が)
帰ってきて、
お
さくっ
買ったばかりの包丁

(2001年1月29日)

初弘法と猿

27●26

第13回

実話マンガ

東寺

このマンガを連載していたとき、本当にあったことしか描かないことに決めていた。

このおじいさんと猿のエピソードも本当である。

となりのおじさんがビールを飲ませたのも本当である。

こういうとき描く方としては、しめた、と思う。

五重塔の足許で

洛南は九条通りに面して立つ、日本一ノッポ（五七ｍ）な木造建築、東寺五重塔。南北に勾配のある市街でいえば、塔の頂上は七㎞先の北大路通りくらい。塔の足許から見上げると「この高さを人が歩いているのか……」と不思議な気分になります。

この東寺は密教美術の宝庫。金堂・講堂の彫刻群を目の当たりにすると、不信心な衆生でも敬虔な心持ちになります。

重厚な金堂

五重の塔ライトアップのためのサーチライト

弘法さん

毎月二十一日に東寺で開かれる縁日。北野天満宮の「天神さん」（第16回参照）と並んで有名な市です。年の始めの「初弘法《はつこうぼう》」は殊のほかの賑わいで、千二百余りの露店が処狭しと並び、二十万人が訪れます。古着・古道具、植木・盆栽、草履・サンダル、明治大正の写真、名も無い人の古い日記、と見飽きることがなく、客も、老夫婦にティーンエイジャーに外国人、ひやかし客がいれば、夜明け前から懐中電灯片手にやってくる人もいて様々です。

「縁日」とは、神仏がこの世と縁をもつ日。東寺では毎月、空海の没日二十一日に御影供を営み、その参詣者を目当てに露店が出るようになったのが、「弘法さん」の起源だとか。

あんない

◆東寺（075-691-3325）へはJR「京都」八条口から南へ徒歩5分。近鉄「東寺」から徒歩5分。

かんじきウォーカー

第14回

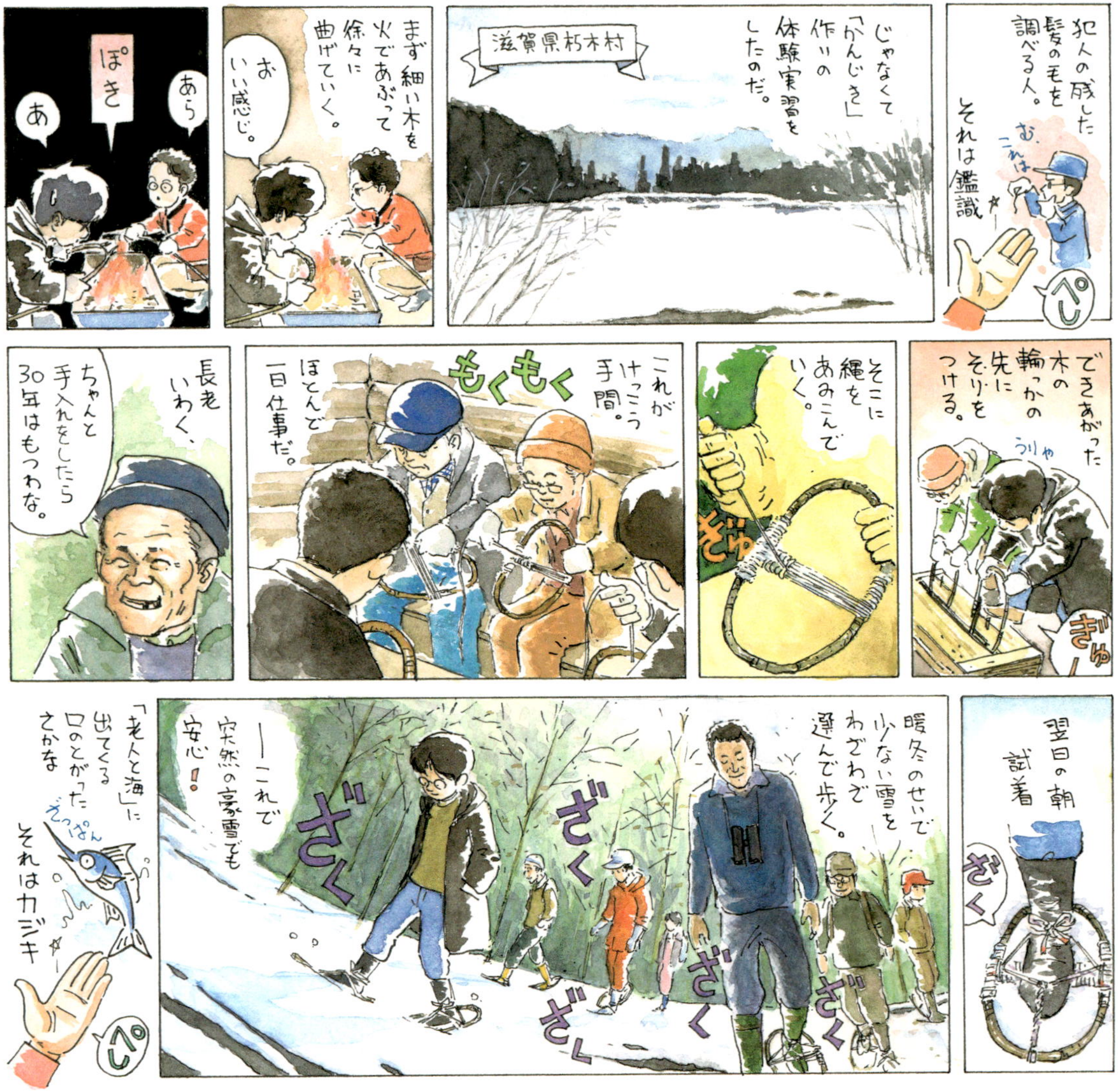

犯人の残した髪の毛を調べる人。
む、これは
それは鑑識
ぺし
滋賀県朽木村
じゃなくて「かんじき」作りの体験実習をしたのだ。
まず細い木を火であぶって徐々に曲げていく。
おいい感じ。
あら
ぽき
あ
できあがった木の輪っかの先にそりをつける。
うりゃ
ぎゅ
そこに縄をあみこんでいく。
ぎゅ
これがけっこう手間。
もくもく
ほとんど一日仕事だ。
長老いわく、
ちゃんと手入れをしたら30年はもつわな。
翌日の朝試着
ざく
暖冬のせいで少ない雪をわざわざ選んで歩く。
ざく
ざく
ざく
ざく
ざく
——これで突然の豪雪でも安心!
「老人と海」に出てくる口のとがったさかな
ざっぱん
それはカジキ
ぺし

(2001年2月5日)

雪の備え

京都の冬は底冷えがしてひどく寒いのだけれど、そのわりに雪は少ない。昔はもっと降ったと聞くが、今は雪だるまが作れるほどの雪もめったに降らない。

そんなわけでこの時のかんじきも出番がなく押入れで眠っている。

秋には大勢の観光客で賑わった京都の町も、底冷えのする冬はちょっと一休み。でも、そんな冬にしか出会えない行事もあるのです。

千本釈迦堂の大根焚き

十二月七日・八日の成道会の日、北野天満宮（第16回参照）からほど近い千本釈迦堂では、大鍋で焚いた大根が参拝客に振舞われます。これを食べると中風など諸病除けになると言われ、境内にはご利益にあずかりたい人々で長蛇の列ができます。ちなみに大根焚き《だいこだ》の「本家」は鳴滝《なるたき》の了徳寺だそうで、こちらは報恩講の十二月九日・十日に行われます。

千本釈迦堂の大根だき
からだの芯からあたたまる

八坂神社のおけら詣り

大晦日の晩から元旦の朝に、たくさんの人が「八坂《やさか》さん」を訪れます。薬草の一種「おけら」を入れた灯篭の火を吉兆縄に移しとり、その火を消さないようにクルクル回しながら持ち帰ります。これを火種にお正月のお雑煮を炊くと一年の無病息災が叶うということで、神社のあたりは大混雑。新年を迎える興奮を、身をもって感じることができます。

八坂神社の白朮詣り
（おけら）

吉田神社の節分会

節分会は数多あれど、やはり「吉田さん」。陰陽師《おんみょうじ》の神様の方相氏が鉄棒もった赤・黄・青の鬼を退散させる「追儺式《ついなしき》」。そしていよいよ、うずたかく積まれた古いお札に火を入れる「火炉祭お札焼き」。この炎にあたると一年間無病息災です。最終日の後日祭・福豆抽選会に至るまで、地元に溶け込んだ行事が続きます。お早めの場所取りと、防寒対策を。

吉田神社の節分会
方相氏（四つ目） VS 三色鬼（赤・黄・青）

あんない

◆千本釈迦堂へは地下鉄「大宮」から、八坂神社へは市バス「祇園」から、吉田神社へは市バス「京都大学前」から、徒歩すぐ。

三尾公三さんのことを知ったのは高校時代のことだ
クラブ顧問だった恩師のすすめで見た三尾さんの絵はとにかくかっこよかった。
おお
高校時代の筆者（あまり変ってない）
その三尾さんの回顧展が京都市美術館で開かれている。
同行した高校のクラブの後輩としばし時を忘れて見入る。
うーむかっこいい
いやーいいっすねー
ここと ここにマスキングがしてあって
ああなるほど
フレームの外の空間が…
けっこううるさい客だ。
今見ても三尾公三さんの絵は新しい。
MIO KOZO
70才を過ぎてから描かれた晩年の作品の若々しさにも感動する。
美術館に三尾さんの風が吹いているようだった。
おお

（2001年2月19日）

高橋先生のこと

三尾公三さんの絵を教えてくれたのは、三尾さんの学生時代からの親友でもあった、恩師の高橋文雄先生だった。

豪快で自由で繊細で、懐が深く洗練された趣味の持ち主だった。

楽しく美しく生きる、がモットーだった。

面長の顔が笑うといたずらっ子のようだった。

大きな鳥居の向こうには

平安奠都千百年（明治二十八年）に京都市民の氏神として平安神宮が創建されました。同時に勧業博覧会が開かれ、その跡地を整備した文化ゾーンが「岡崎公園」です。

さて、神宮を正面に見て疏水《そすい》を渡ると、大鳥居の東に重厚な西洋建築の京都市美術館。西側の京都国立近代美術館は、対照的にモダンな造り。図書館を過ぎて勧業会館の向かいは往年の名ホール京都会館。神宮道を渡ってグラウンド。そして、上野に次ぐ老舗の動物園をまわり、桜の美しい疏水沿いに足をのばすと、琵琶湖疏水記念館を覗くこともできます。

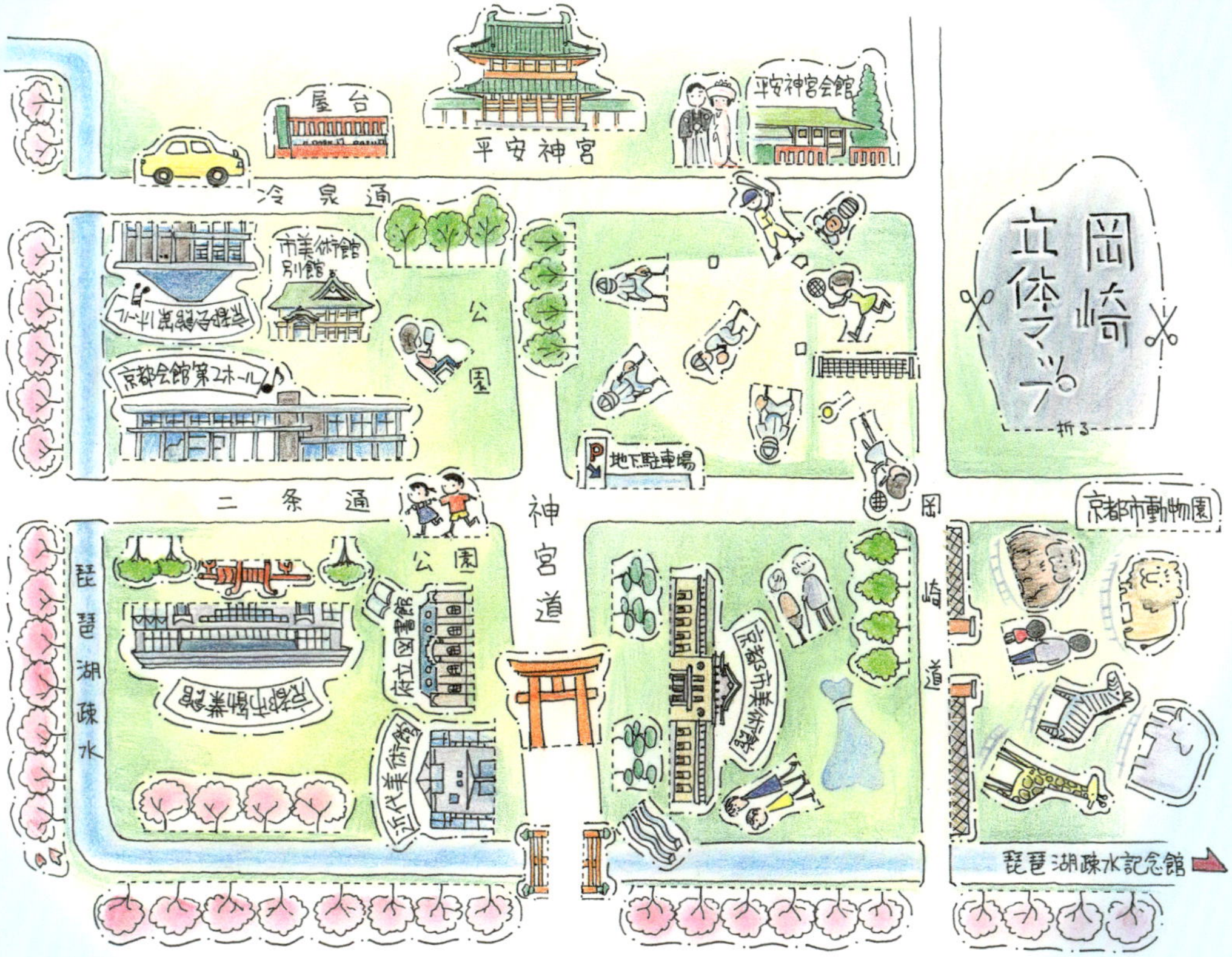

あんない

◆岡崎公園へは、市バス循環系統「東山二条」か地下鉄東西線「東山」が便利。

下のパックがお茶になっています。
あ、どうも
お梅こぶ茶。
ず
まだちょっと早かったかな。
よく晴れた暖かい日北野天満宮に梅を見に行った。
早咲きは一月に咲き始めるという北野天満宮梅苑の梅だが、意外とまだつぼみが多かった。
赤と白の梅が並んで花をつけている場所は記念撮影の一番人気。
つぼみもそれはそれで愛らしい。
でも絵としてはちと地味か?
一早咲き 中咲き 遅咲きか
仕事中
人生といっしょやね。
ほお
遅咲きの梅が咲く頃、また来てみるのも悪くないな、と思った。
またおいでやす。

東風《こち》吹かば

33●32

第16回

(2001年2月26日)

飛梅

下京《しもぎょう》をうろうろしていてたまたまビルの間に挟まれるようにひっそりと建っている神社を見つけた。菅大臣神社といって菅原道真の旧邸跡に建った神社。飛梅伝説発祥の地だそうである。

太宰府に飛んだはずの飛梅もなぜかここにある。

仏光寺新町西入ル。

北野天満宮

時は平安時代。稀代の秀才、菅原道真は、いったんは右大臣まで上り詰めたものの、太宰府に左遷され、失意の内に亡くなります。その後、左遷に荷担したとされる人々が次々に亡くなり、また京都に相次いで天災が起こりました。人々がこれを道真の祟りと畏れ、霊を慰めるために神として祀ったのが北野天満宮の始まりです。

広い境内には、道真が殊のほか愛したという梅の木が約二千本植えられ、季節になると芳香を漂わせます。

また、道真の秀才ぶりから学問の神様として名高いこの神社は、冬になると受験生で大賑わい。最後のコマに描かれた「なで牛」は、なでると頭がよくなると言われています。

毎月二十五日には天神さんの縁日が催され、多くの人々が集まります。

参道に100個以上の様々な形をした石灯籠。境内にも多数。

菅原道真公

道真の愛した花

〈東風《こち》吹かばにほひをこせよ梅の花主なしとて春を忘るな〉

太宰府に左遷された道真が、出立を前に自宅の庭で、愛した梅の木にむかって詠んだ歌です。

これに応えて、一夜にして京の都から太宰府へと飛んできたと伝えられるのが、太宰府天満宮の「飛梅《とびうめ》」だといわれています。

三光門

日・月・星の彫刻があるから「三光」門なのだけど星がどこか分からなかった。探してみてください。

あんない

◆北野白梅町は、西大路今出川。地下鉄「今出川」から市バスが便利だが、京福電鉄北野線も。

狸谷への旅（前編）

35●34

第170回

近所なのに行ったことがなかった狸谷不動にお参りしようと思いたった。
あれ？どっちだっけ。
いきなり迷う。
やむをえず観光客を装って道を聞く。
すいません。狸谷不動って…
すぐ近所の果物屋さん
曼殊院、詩仙堂を経由して行く道を教わった。（お忙しいところすいませんでした。）
近所なのにこの辺歩いてないなぁ。
曼殊院
曼殊院の庭
ほぉ
おおこれはすごい。
写真撮影が禁止されているすごい幽霊の絵。見たい人は曼殊院まで。
平成十二年（西暦二〇〇〇年
なんか遠くの町に来たみたいだ。
あれ？どっち？
また迷う。
また観光客を装う。
すいません。詩仙堂は…
以下次回

（2001年3月5日）

迷子名人

道に迷うのが嫌いではない。どちらかと言うと好きだといってもいい。知らない場所を歩いているちょっとわくわくする感じが好きなのだ。

そして僕はとても簡単に道に迷う。

それはもうちょっとした才能といってもいいくらいだ。

いざ狸谷……？

目指すは狸谷《たぬきだに》、スタートは叡山電鉄修学院駅前。左京区の北東部です。下の地図のもう少し北に修学院離宮、その南には名だけを残す一乗寺。白川通りの東は、落着いた住宅地。自転車を漕ぐのが辛いような坂道で、歩くと軽く汗ばむほど。しかし秋の紅葉などは素晴らしく、京都通《つう》の人々に愛されている穴場なのです。また、一乗寺西部は有名なラーメン激戦区。「うろうろ」で小腹が空いたら、ぜひとも、京都名物こってり味（京料理はあっさり味ですが、ラーメンはこってりが主流です）を！

曼殊院でひと休み

まず辿り着いた曼殊院《まんしゅいん》は、平安時代に始まる天台宗の寺院です。大書院の卍くずしの欄間や、板戸の引き手の瓢箪《ひょうたん》の造作、月を映して見るために使ったという「ふくろうの手水鉢《ちょうずばち》」などの繊細な造作は、桂離宮に通ずるものがあると言われ、素人目にも、見て見飽きることがありません。

中段で触れられている「幽霊の掛軸」は、祟りがある為ここで供養されていたのですが、二〇〇〇年九月から滋賀の徳源院というお寺に移されて、残念ながらいまは曼殊院で見ることはできません。

あんない

◆曼殊院（075-781-5010）へは叡山電鉄「修学院」から徒歩20分。バスなら市バス「修学院通」から山のほうへ徒歩20分。

〈前回までのあらすじ〉
作者は一路狸谷不動をめざしていた。
しかし、出かける前に道順くらい確かめるものだ。
ふう
詩仙堂
なるほど
これが名前の由来かぁ。
詩仙堂の近くに野仏庵という所がある。
野趣と人工美がまじりあった不思議な魅力のある空間だった。
かぁ
狸谷山
だいぶ遅くなっちゃったな
すごい坂
ガラガラ
……
家から半径2キロ以内か…
ふぅん
地図
なんかすごい旅した気分だ。
（2001年3月19日）

狸谷への旅（後編）

37●36

第18回

狸谷再訪

狸谷にはこの後リベンジに出かけた。

護摩木の燃えさしの上を渡る火渡り祭に参加。

まだくすぶって煙を上げている護摩木の上を裸足で渡るのだからさぞ熱いだろうと思ったら、意外にそうでもなかった。

その時もらった赤い御幣はまだ玄関の所に貼ってある。

鹿おどしの響く庵

江戸時代の漢詩人、石川丈山が造営し、亡くなるまでの三十一年を、一歩も外出せずに過ごした草庵です。大阪夏の陣で軍功を立てるも、軍律違反に問われて徳川家を離れ、後に詩人となった丈山。「鹿《しし》おどし」を考案したともいわれる風流人。小さな小さな庵ですが、彼を慕って訪れる人が絶えなかったそうです。

野の仏とお茶を

門の両脇に佇む、狛羊(?)が可愛らしい野仏庵《のぼとけあん》。山の斜面にひらかれた、小ぢんまりした敷地の中に、庄屋の旧宅を移した母屋や、「雨月物語」の上田秋成ゆかりの茶室があります。お茶とお菓子を頂きながら庭をながめていると、心の紐がほどけていくようです。

ようやく狸谷山……

交通安全で知られる「狸谷のお不動さん」では、七月、山伏に導かれて護摩の残り火の上を素足で歩く「狸谷山火渡り祭」が行われます。滝に打たれに来る人もいるなど、修行場の色を濃く残しています。境内には宮本武蔵が打たれたという「武蔵之滝」もありますが、こちらは今では、不動心を養う修行には、やや心細い流れかもしれません。

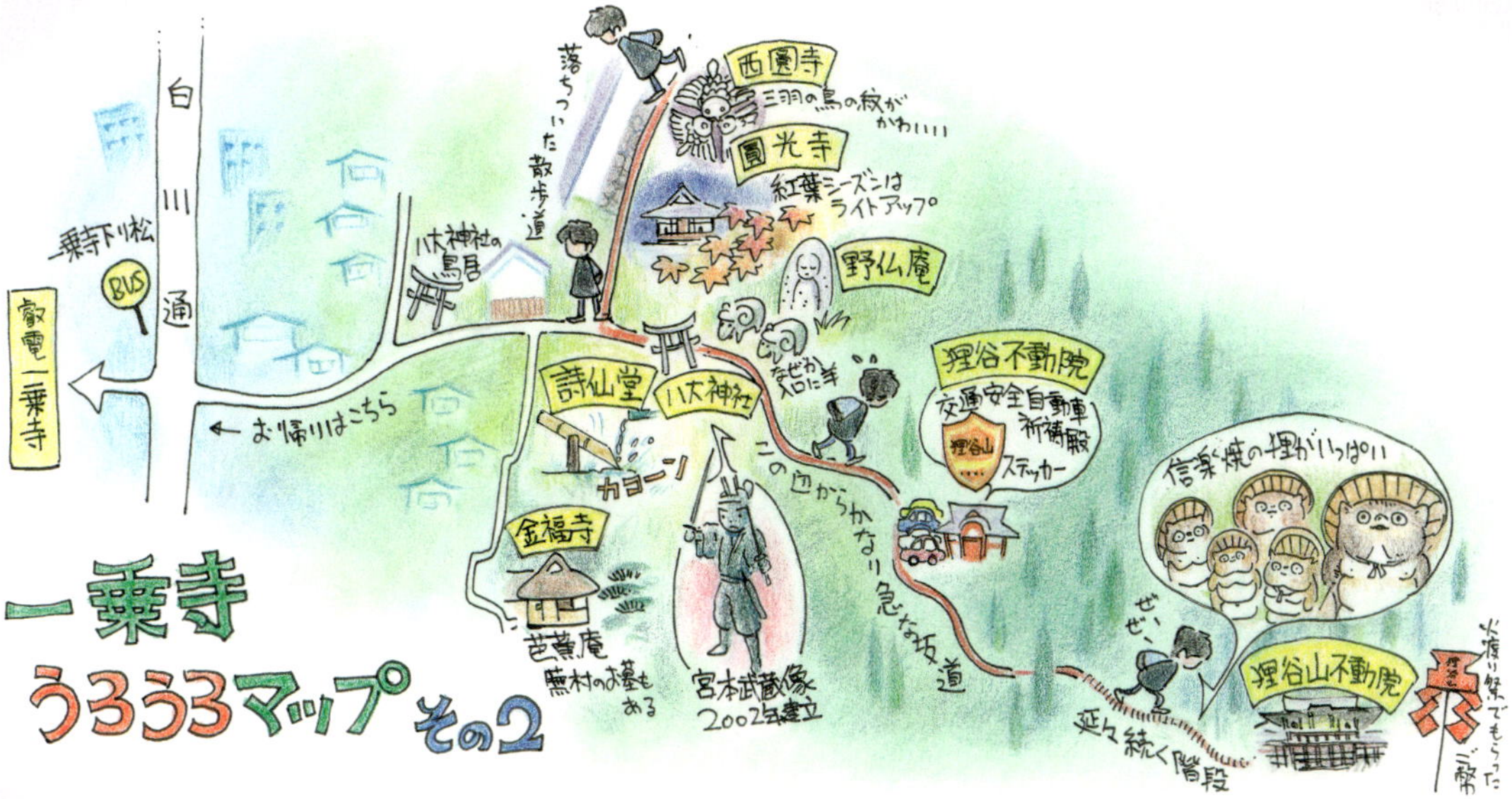

あんない

◆このエリアの最寄バス停は「一乗寺下り松」だが、少し歩いても叡山電鉄「一乗寺」のほうが交通はスムーズ。

三月大雪
カンカン
その残雪もとけて。
へっくしゃ
風邪じゃなくて花粉症の方
目かゆい
きっ
西日を浴びた比叡山が違って見えた。
冬眠から目覚めて今にも起き上がりそうな気配。
むくり

（2001年3月26日）

新緑の頃

寒いのが苦手だ。

冬の間はどうも不活性でできれば冬眠したいと毎年思う。

そんなわけで空気が穏やかになり新緑が芽吹く季節になると無条件にうれしい。

たとえ少々花粉症に苦しめられることになるにしても。

京都人と山

三方を山に囲まれた盆地。だから京都は、夏はうだるような湿気と暑さ、冬は雪国の人でも顔をしかめる底冷えなのですが、それでも遠くに望む山の姿は、京都人の心の風景です。東は比叡から稲荷山へと続く東山三十六峰、北は丹波山地、西は愛宕山《あたごやま》から保津峡《ほづきょう》を越える西山、南は開けて淀川・木津川へ。

なかでも身近なのは東山でしょうか。江戸時代の俳人、服部嵐雪は、稜線なだらかな姿を「ふとん着て寝たる姿や東山」と詠みました。「東山三十六峰」は頼山陽の命名とか。

季節の変化を感じさせるのは比叡山。赤や黄に色づいたのを見て秋の声を聞き、白い雪化粧に寒気の到来を知り、新緑が鮮やかになるのを見ては花粉の飛来に怯えます。

普段どこを歩いていても山が見えるので、平坦な地を訪れると、ふっと心細くなります。離れてはじめて、京の町が山に抱かれ、護られていることに気づく京都人は多いです。

あんない

◆京都タワー展望台に360°連山案内がある。

花の季節

第20回

鴨川沿いの
柳が満開だ。
といっても
目を止める人は
あまりないと
思いますが、
こんな花です。
(雄花)
花の季節だ。
ハクモクレン
ボケ
レンギョウ
ジンチョウゲ
宝が池公園
スポーツ広場の
裏では
ハナノキが
花をつけて
いた。
お
といっても
なじみが
ない方も
多いと
思いますが、
―こんな
花です。
1cm
雄花
雌花
別名 ハナカエデ
雌雄異株
この木を
「花の木」と
名づけた
先人のセンスも
なかなかの
ものだと思う。
よく見ると
きれい
だけどね。

(2001年4月2日)

花の形

昔から花に興味があったわけではなく、今だって詳しくない。花屋さんで売ってるような花の名前はほとんど知らない。

それでも花が咲いているのを見つけるとやっぱりうれしい。

目立たない花もスケッチしてみると以外に面白い形をしていたりする。

ハナミズキ
(4～5月)
フジ
(4～5月)
ヤブツバキ
(2～4月)
ユキヤナギ (4月)
ネコヤナギ
(3～4月)
ナノハナ
(4月)
キュウリグサ
ムラサキサギゴケ
スミレ
ヤエヤマブキ
(4月)
コバノミツバツツジ
(4月)
サンシュユ
(3月)

花の春

桜のように、
多くの人がその下に集い、
美しさを讃える花があります。
その一方で、
顔を近づけなければ
そこに花があることも分からない
地味でささやかな花もあります。
花の春、
ちょっと目をこらしてみれば、
今まで見えていなかった
きれいなものに
出会えるかもしれません。

ばんばん
う
ばた
山科区のある公園で花見をした。
おお名演技
ぱちぱち
きゃ、
実は僕は〆切直前の徹夜明け。
ねむい。。。
いきます。
この桜ヤマザクラだったんですねえ。
そうだよ。
へろー
毎年恒例の花見の会なのだがいつも早すぎるか遅すぎるかでこの木が咲いているのをはじめて見た。
花といっしょに赤い葉が出るのがヤマザクラ
おーい
公園の裏が崖になっている。
何やってんだかなあ。
つかれてんのに
ふら～
ああ、でも、なんかいいねえ、ここ。
くぅ
そして帰るとまた修羅場
カリカリカリ

（2001年4月16日）

締め切り前

締め切りに余裕を持たせる、ということができない。いつもぎりぎりになってからじたばたする。いいかげんそういうことは改めたい、と今まさにそういう状態で思っているのだ。

ヤマザクラ

日本の野生サクラの代表種。
若葉と花が同時に出る。
昔は花見といえば
このサクラだった。
嵐山のサクラはこれ。

ソメイヨシノ

江戸末期に現れて
明治以降急速に広まった
新しいサクラ。
鴨川沿い、哲学の道をはじめ
至るところに植えられている。

シダレザクラ

エドヒガンの園芸種
円山公園のものは有名
色が濃いのはベニシダレ
八重になっているのは
ヤエベニシダレという。
植物園西の賀茂川沿いに
あるのはヤエベニシダレ。

ライトアップされた
円山公園のシダレザクラ
(まるやま)

サトザクラ

オオシマザクラを中心に
交配をくり返して作られた
園芸品種の総称
八重のもの、色が変ったもの
など見た目も様々。

御衣黄(ぎょいこう)
平野神社

普賢象(ふげんぞう)
千本閻魔堂・二条城

有明(ありあけ)
仁和寺

春と修羅 PART2 第22回

朝からやけに天気がいい日でばかに体調が悪い日だった。

——しかも、

もうこいのぼり

帰宅して体温を計って驚く。なんでやねん

ごろっ

しかたない……ねよう。

38度4分⁉

この春から某大学で週一回教えることになっていて、その授業初日だったのだ。

あ、どうも 講師のおがわです。

大学で何を教えるのかっていうと「マンガ」である。

えー、まずペンこの使い方ですが

ペン画の基本 白⇔黒による技術 などなど

すごい時代になったものだ。

カリカリカリ

——おおむね、

学生はけっこうマジメだ。

あ、そうそうそんな感じ。

こっちも手を抜けないのでがんばるのだがどうも何か変なのだ。

ヘ〜ん ワイ カヤ

5時間の長丁場が終わる頃にはなんかすごいことになっていた。

もよ〜ん

・・・

急ぎのイラストあるんだよな。まずいなー。

あ、「虫の目」もか

（二〇〇一年四月二十三日）

縁

まさか自分が大学で教えることになるとは思わなかった。
このときは非常勤だったが今は専任講師である。
いろいろ「たまたま」が重なってそういうことになった。
その「たまたま」のことを「縁」というのだろう。
ありがたいことである。

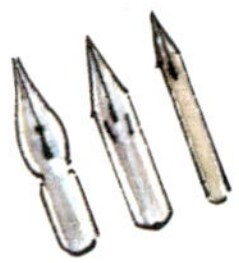

21世紀的トキワ荘

京都精華大学にマンガ学科が設立されたのは二〇〇〇年春。日本初の（そして今のところ唯一の）マンガ学科をもつ四年制大学の誕生です。手塚マンガに出てきそうな建物の壁のない大教室で、マンガ家を目指す四学年一六〇人余りが授業を受けています。手塚治虫、石ノ森章太郎、赤塚不二夫、藤子不二雄、水野英子ら、そうそうたるマンガ家たちが若い頃に暮らした、トキワ荘という伝説的なアパートがありました。――京都精華大学芸術学部マンガ学科ストーリーマンガコースが二十一世紀のトキワ荘になれるかどうか……これから真価が問われるところです。

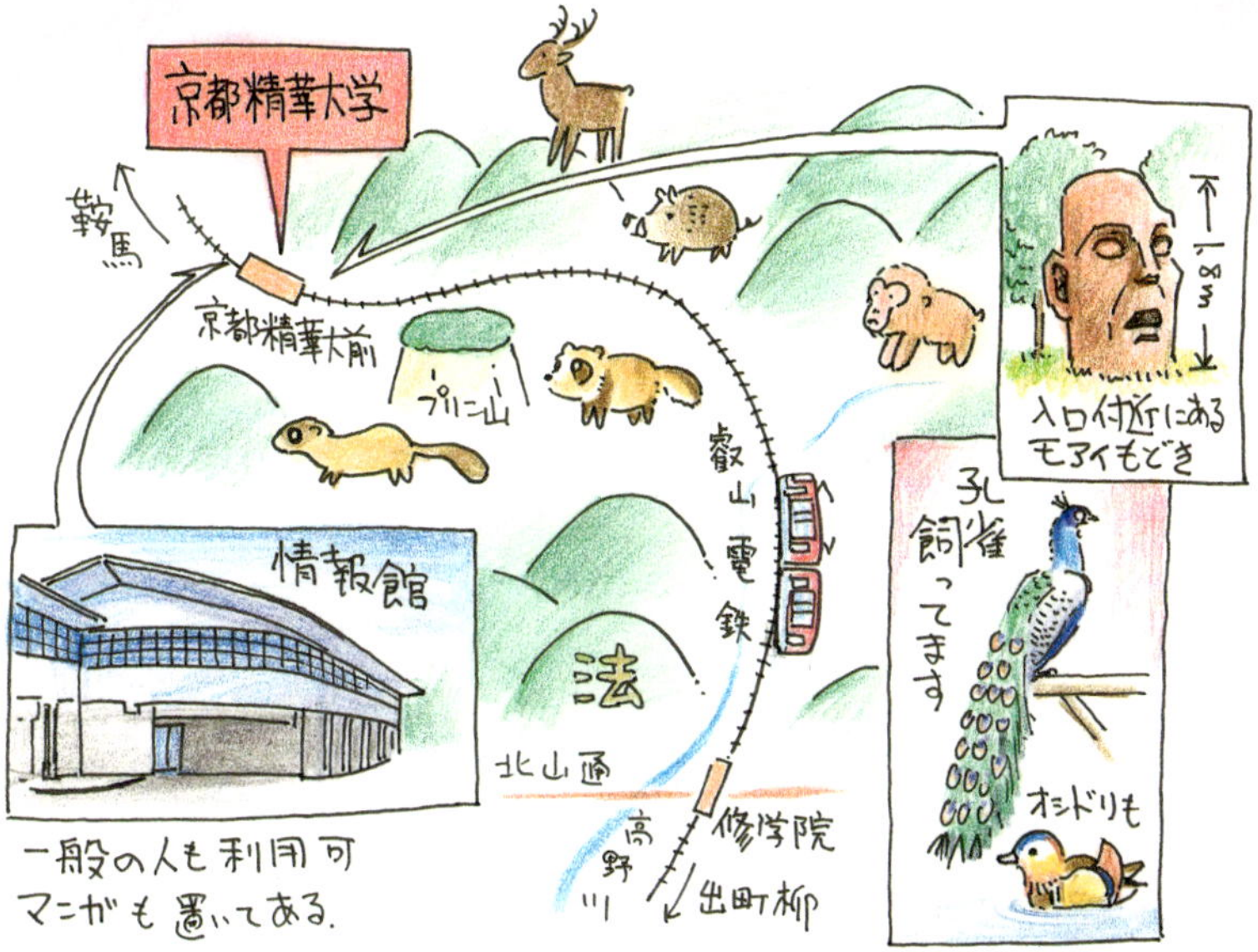

小川さんのこと

竹宮恵子

「京大卒業の経歴を投げうってマンガを描いている人」と紹介されたとき、私は小川さんを作品でしか知らなかった。それも新設される京都精華大学のマンガ学科を紹介するHP上で。わずか数本の短い作品だったけれどマンガ好きで人間好きなことだけは充分にわかった。作品で人を判断し、信用するのはマンガ家の常だが、彼を大学講師に引き込んだのは上出来だったと思っている。

二〇〇三年三月一日

神様が来る日

第23回

近所に不思議なたたずまいの空地があって、
年に一度神様がやってくる。
かしこみかしこみ
五月五日は鷺森(さぎのもり)神社の神幸祭で、
ここは御輿(みこし)の御旅所なのだ。
さんよーれーさんよーれ
三日も四日も踊りじゃ
どんどん
ちきちん
ほいっとほいっと
ほいっとほいっと
祭の色 祭の音
そして御旅所はまた神様を待つ空地に戻る。

(2001年5月14日)

地元のお祭

今の部屋に越して間もない頃、窓の下から不思議な掛け声が聞こえてきた。何かと思ったら鷺森神社のお祭りだった。

観光客が集まるような祭ではない。

近所の人が沿道でカメラを構えていたり、病院の入院患者さんたちが車椅子で見物していたり。

いいお祭だなと思う。

神様の力をいただいて

鷺森《さぎのもり》神社の祭は百パーセント地元の人たちによって執り行われており、見ている者とやっている者が一体となる、交歓の場になっています。それこそが祭本来の姿、氏神を芯に、皆で楽しもうという精神でしょう。いろいろなことが合理的になってしまった現代こそ、非日常の「神様が来る日」が必要なのかもしれません。

鷺森神社とさんよれ祭

神様のお使いである鷺が、あたりに群れをなしていたというのが、この神社の由来（場所は第17回参照）。もともと神主《かんぬし》がいない神社で、土地の人間が一年神主を交代でやってたため古文書がなく、行事については口伝で伝わってきたそうです。
祭に参加する子供は小学三年生。もとは男子のみによる祭でしたが、昭和四十年頃に女の子も入れようということで、女の子が花車をひくことを宮司《ぐうじ》さんが考案しました。「さんよれ」をやるのは男の子ですが、今では女の子のほうが多いくらいです。

五月は祭り月

五月といえば葵祭《あおいまつり》。かつては「祭」というだけで葵祭をさしたほどでした。下鴨神社と上賀茂神社の例祭で、凶作が続いた折、賀茂神の怒りを鎮めるために祈ったことに始まります。御所・建礼門前を出発し、下鴨神社、そして上賀茂神社へと向かう、その平安装束の行列は、およそ一キロ。元の名は「賀茂祭」ですが、御簾《みす》をはじめ衣冠《いかん》、牛馬にいたるまで、すべて葵の葉で飾ることから、「葵祭」の名で呼ばれるようになりました。新緑まぶしい季節、平安絵巻の登場人物気分を味わうのも一興でしょう。

あんない

◆鷺森神社は第17回を参照。下鴨神社へは京阪電鉄「出町柳」から徒歩5分、上賀茂神社への市バスは「北大路バスターミナル」からの乗車が便利。

比叡山と麦畑

49●48

第24回

なるほど琵琶湖側には水の絵を集めてあるのか。
オープンしたてのガーデンミュージアム比叡を見に行く。
考えてあるなぁ。
髪切った
緑豊かな庭には陶板に複写された印象派を中心とする名画の数々。
絵と風景をシンクロさせてあったり、
壁にあいた窓を、絵のように見せていたりするたくらみが楽しい。
本物の庭
絵
こうして見ると琵琶湖の景色にあいた窓からアルルの麦畑がのぞいているようだ。
向こうからは比叡山頂が見えていても不思議ではない。
?
ゴッホ

(2001年5月21日)

印象派

印象派の絵が好きで展覧会があるとよく出かけた。モネが特に好きだった。そして京都にはよく印象派の絵が来るのである。さすがにもうあきたような気がしていたのだけれど、久しぶりに画集などを引っぱりだして見るとやっぱりいいなと思う。

いつもより空の近くで

比叡山頂にひろがる、フランス印象派作品をモチーフにした庭園美術館。咲き乱れる季節の花と移りゆく光のなかで、モネやルノワール、ゴッホなどの名画を鑑賞できます。かなたを見やると、一方には遠くかすむ京都市街、反対側には琵琶湖の湖水が広がります。

いつもより少しだけ空の近く、自然の中で見る名画に、また新たな感動が得られるかもしれません。

光の画家たち

太陽の光によって刻一刻変わる対象の姿を、キャンバスに留めようとした印象派の画家たち。彼らの絵が今も人々の目を引きつけるのは、なによりも、そこに光と色彩の喜びが満ちあふれているからでしょう。

日本の浮世絵は、印象派の画家たちや後期印象派といわれるゴッホに大きな影響を与えました。南仏を訪れたゴッホは、光あふれる風景に「まるで日本のようだ」と思ったとか。

あんない

◆ガーデンミュージアム（075-707-7733）へは叡山電鉄「八瀬遊園」からケーブルとロープウェイで。自動車なら比叡山ドライブウェイを利用。冬期はガーデンミュージアムが休園しているので注意（http://www.garden-museum-hiei.co.jp/）。

おがわさん！
ずい
「ロングホーンの人々」描きましょうよ。
妙法の「法」の字の真下にある長い角のある店にて
剛くん、来るたんびにそれ言ってるよなあ。
50回は聞いたな
うちのお客さん絶対マンガのネタになりますって。
でも京都新聞みたいな上品な新聞には使えないネタが多いしねぇ。
そんなことないですって。
あ、でも今週ネタないから最悪の場合、ロングホーンネタ、ということで。
どん
「最悪」はやめてくださいよ。
失礼な
あ、じゃ出してくださぁい。
では資料写真を…
あ、ポーズ普通で…
漫画家さぁ、こっちも撮れロ。
きめっ
ぱしゃ
あ、俺もツーショットで
じたばた
きゃー
ー絶対使えないよ。こんなの。
ぱしゃ

長い角のある店

51●50

第25回

（2001年5月28日）

常連組

京都新聞にこのマンガが載ったあと、なぜロングホーンのマンガに俺が出ていないのだ、という苦情が殺到したらしい。それで今回、新たに左のマンガを描いてみた。今回も漏れた常連さん、ごめんなさい。

ロングホーンの人々
その1 よこもじマンガ 作・GO 絵・おがわ
Hi, Joe
What's up, Go?
Hey Go! I don't understand Japanese girls. They just love me.
Man. Don't misunderstand. They just want someone who can speak English
お前ら日本語で話せよ!。
?
ロングホーンには外国人のお客さんも多くて、
ときに英語がとびかう。
OH YEAH!
ПРИВЕТ, КАК ДЕЛА?
さらにマスターの奥さんはウクライナ人

ロングホーンの人々
その2 ESPERS 作・GO 絵・おがわ
えー
WHY?
まあ!。
HAHAHA
こんなの誰だってできるサ。
ほら
むーん
OH!
え?
ほら
えー
家で夕ネをしこんで来る客たちであった。

あんない

◆ロングホーンの場所は第９回イラストマップのどこかに…。

安曇川上流にて友人とバーベキューパーティー。
たたた
おがわさん遊ぼう。
ぽん
ん？
早く来なっ。
えらそうだな。
これがグローバーだよ。
グローバー？クローバーじゃなくて？
グローバー
こっちのがちょうちょ好き、こっちのはてんとう虫好き。
ほう。
こっちのはからまり虫好き。
からまり虫？
早よ来んかいっ
ますますえらそうだな。
がさがさ
かくれろ!!見つかる。
え
さっ
誰に？
しっ
からまり虫（想像図）
特徴：からまる

（2001年6月4日）

バーベキュー

安曇川《あどがわ》は比良山地から琵琶湖に流れこむ川で、この辺りは滋賀県朽木村《くつきむら》。よくここでバーベキューをやる。

それにしても子どもというのは次々におもしろいことを考える。原作者として雇いたいくらいだ。

少女博物学者 すずなのおすすめスポット

小学2年生になったよ

宝ケ池 子供の楽園

ここは緑に囲まれた子供のための公園です。巨大なすべり台、「ゆめの山」はこの公園のシンボル的な存在。トランポリンも人気です。砂場や迷路のほか、夏場にはプールも利用できます。春の桜、秋のイチョウもきれい。ただし残念ながら中学生以上は入場できません（児童保護者のみ入場可）。

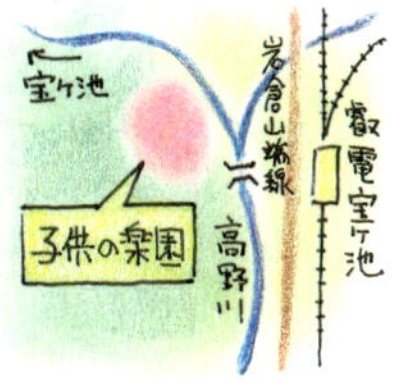

叡電宝ケ池
岩倉山端線
高野川
宝ケ池
子供の楽園

こどもみらい館

こども元気ランド（一階）
毎日2回ストリートオルガンの演奏
こどもみらい館
でも元気ランドは小学生になったら入れないんだよ

乳幼児の子育てを支援する京都市の総合施設です。大型総合遊具や木の砂場のある「こども元気ランド」のほか、予約制の「子育てなんでも相談」や、子育て図書室、各種講座・研修などがあり、様々な面から、子育てに悩むお母さん・お父さんをバックアップします（利用の詳細はお問い合わせください）。

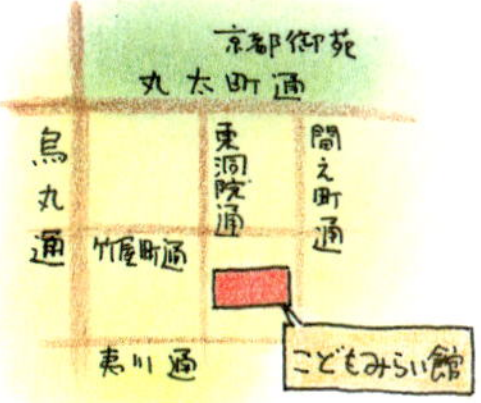

京都御苑
丸太町通
間之町通
東洞院通
烏丸通
竹屋町通
夷川通
こどもみらい館

あんない

◆こどもみらい館（075-254-5001）の案内は http://www.kodomomirai.or.jp にて。

伏見稲荷大社の田植祭を見に行った。
明るい神田から戻ると照葉樹におおわれた境内は昼なお暗く
かあ
これならいつ狐に化かされてもおかしくない。
——と思った。
ざわっ
ひたひた
ひたひた
ちーん
!
竹から幽かな鐘の音…
竹て見えたのは竹に擬装された金属製の電信柱。
思わぬところで化かされた。
こん

(2001年6月18日)

異界のカエル様

伏見稲荷大社には異界の趣がある。

追加取材に伏見稲荷に出かけたときも、帰りに不思議な所に出た。

鳥居の前には狐ならぬ大ガエル。しかも作家の阿佐田哲也氏が麻雀大明神として祀られている。

それこそ狐に化かされたような。

鳥居の森をさまよえば

駅舎からして、赤い柱に狐のレリーフでお稲荷さんムード。全国約三万社もある稲荷神社の総本宮は、初午《はつうま》の日には想像を絶するほどの参拝客が商売繁盛・五穀豊穣のご利益を求めて訪れます。

明るく開けた本殿を過ぎ、樹々生い茂る稲荷山のほうへ登っていくと、ひしめくように連なる鳥居また鳥居。祈願が「通る・通った」の意味から、鳥居を奉納する習慣が広がったのだそうです。「千本鳥居」と言いますが、一万基以上の鳥居があるのだとか。狐もあちこちに見られますが、これらも信者さんが寄付したもの。さまざまな表情に感興わきます。でも、なんとなく怖いような気がしてしまうのは、密集した稲荷山の樹々の中で見るから？　お稲荷さんのお使いである狐の神々しさから？　ちょっと、この世ならぬ感覚を味わえる場所でもあります。

境内いたるところに狐
けっこうこわい

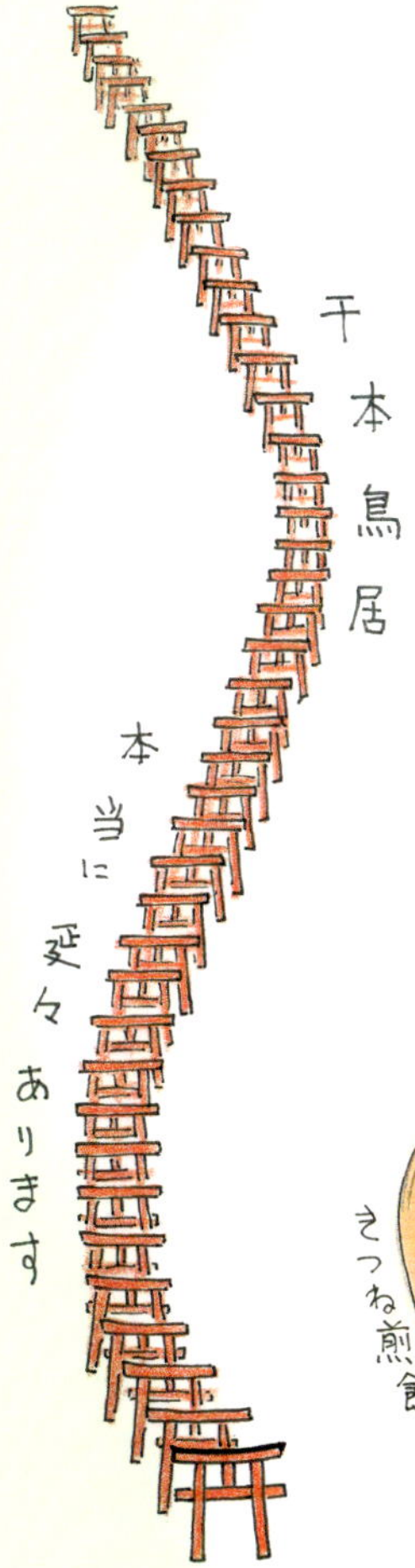
千本鳥居
本当に延々あります

神様のお米

六月十日の「田植祭」は、毎日神前にお供えされる「御料米」を神田に植える祭です。平安時代の汗衫《かざみ》（公家の童女の正装）を着た神楽巫女四人が、歌と神楽に合わせて優雅に御田舞《おんたまい》を舞う中、あかね襷《たすき》に菅《すげ》笠《がさ》姿の早乙女らが田植を行います。

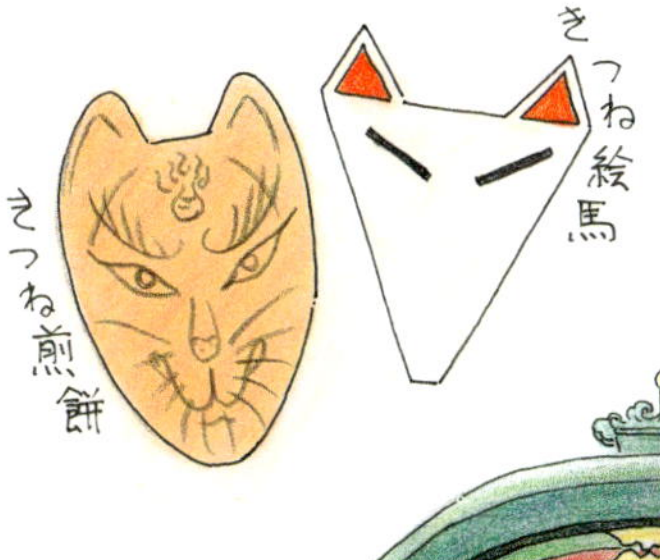
きつね絵馬
きつね煎餅

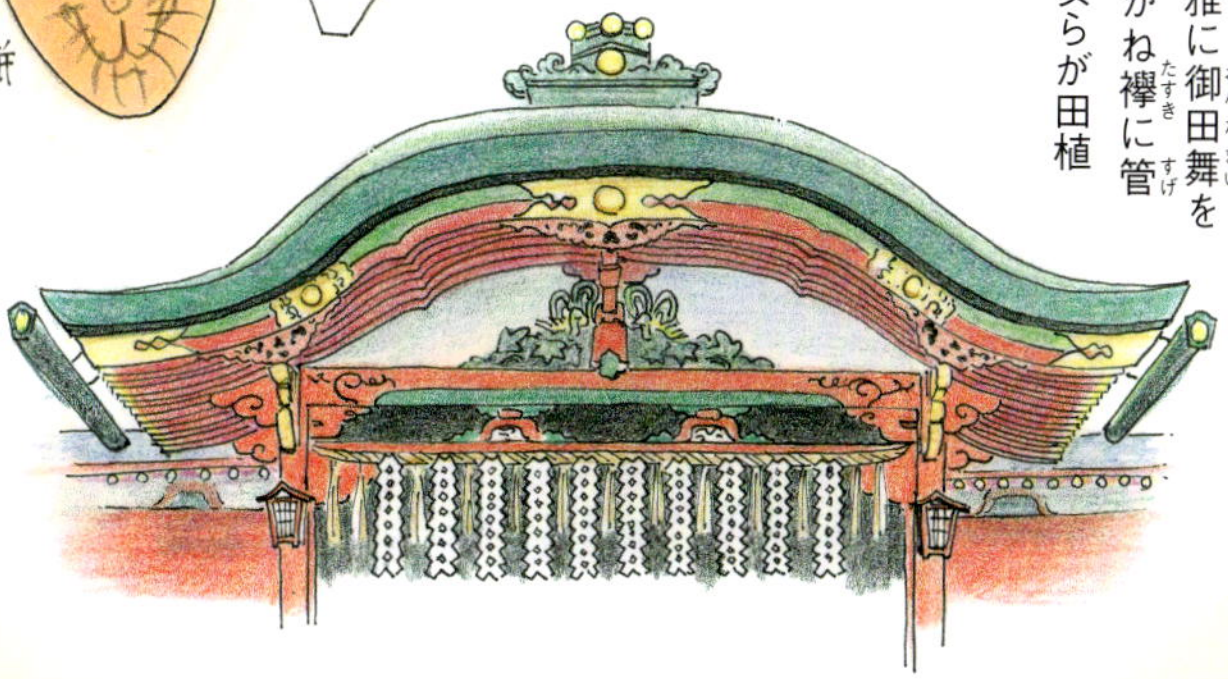

あんない

◆伏見稲荷大社（075-641-7331）はJR「伏見稲荷」下車すぐ、または京阪電鉄「伏見稲荷」から徒歩5分。

ぺたぺた
京町家の勉強会でベンガラ塗りの体験実習
町家の格子などに塗られているあれです。
お、いい感じになってきた。
赤いベンガラに墨や松煙（しょうえん）を混ぜてあの独特のこげ茶色を作る。
ベンガルトラ
ガンジス川
インド
ベンガラという名前はもともと
インドのベンガル地方でとれたことからついたそうだ。
ペンキだと似た色は出せても「木が呼吸できない」という。
うっ
←木の精
木の家は生きているのだ。
角材を組んだだけのなべしきがちょっとした民芸風に変った。
う〜む
これも自分でほぞを切った
惜しむらくは部屋とあわない。
ぱし

（2001年6月25日）

祖父母の家

僕自身は鉄筋コンクリート育ちだけど、日本家屋はなぜか懐かしい。子供の頃夏休みに訪れた祖父母の家は今考えると京町家だった。暑い外から帰ってくると通り庭のひんやりした感じが心地よかったのを覚えている。

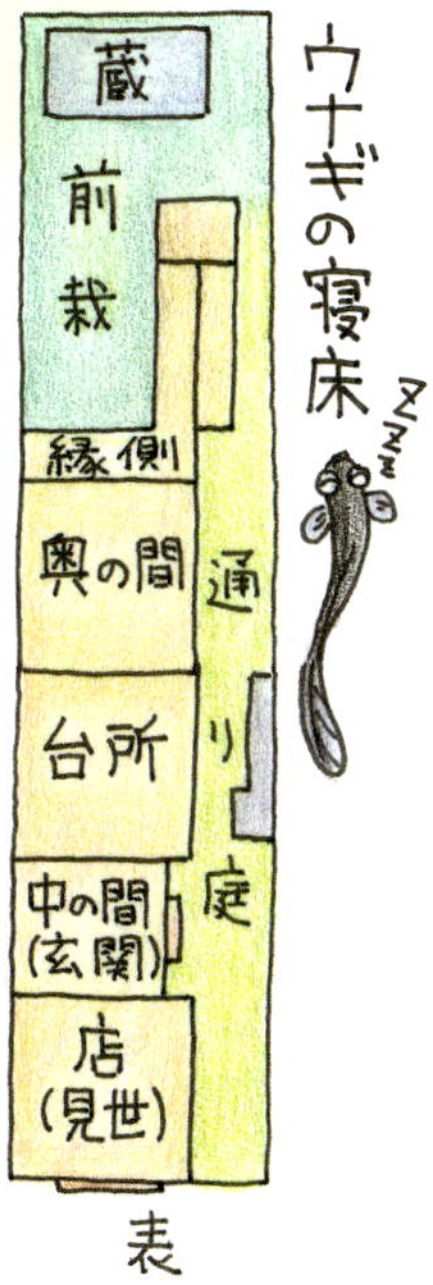
ウナギの寝床
ZZZ
蔵
前栽
縁側
奥の間
台所
中の間
(玄関)
店
(見世)
通り庭
表

京町家

鍾馗さん
(しょうき)
虫籠(むしこ)窓
一文字瓦
(下端が
一直線)
ばったり床几(しょうぎ)
ばったり
出格子窓
犬矢来
(いぬやらい)
茶色の部分にベンガラや柿渋が塗ってある。

呼吸する家

京町家《まちや》の特徴は、まず、道に接して建っていること。その点が、塀をめぐらせた支配階級の屋敷や、周りとの境界が曖昧な農家とは異なります。そして「鰻の寝床」（狭い間口と深い奥行）。これは区画を分ける関係や、家の幅で税金が定められていた為で、一般に、奥に行くほどプライベートな空間になります。

見た目にも美しい「京格子」は、外からの視線を遮りつつ、内からの視界を確保します。深い庇で夏の陽射を防ぎ、通り庭は換気の役割も果たし、火袋（通り庭の吹き抜け）に設けた天窓は、排煙と採光に役立ちます。奥の庭も採光と換気の役をはたし、夏はここに打ち水をすることで、気圧差で空気の流れをつくり、涼をとります。

美しさと実用を兼ね備えた町家は、盆地の町・京都に住む人々の、暮らしの知恵の集大成と言えるでしょう。

おくどさんから
風呂場まで
見学可

桃の井

竹のとい
あぶら
「町家暮らしは
不便なこともあるけれど
五感が豊かに
なります。」
(高島さん談)

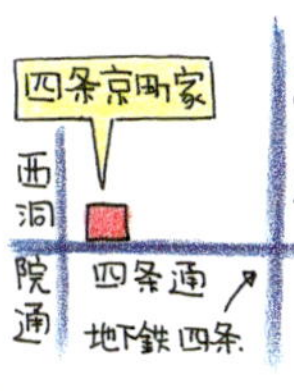
四条京町家
烏丸通
西洞院通
四条通
地下鉄四条

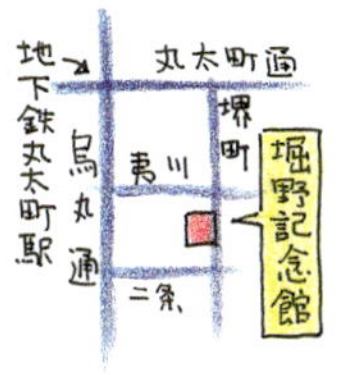
丸太町通
地下鉄丸太町駅
烏丸通
夷川
堺町
堀野記念館
二条

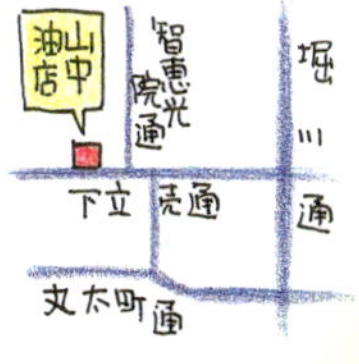
山中油店
智恵光院通
堀川通
下立売通
丸太町通

あんない

◆山中油店（075-841-8537）：菜種油、コーン湯、頭髪用椿油から直輸入オリーブオイルまで油の専門店。創業は文政年間、建物は築150年で職住一体の町家。予約すれば見学可。京・町家文化館を併設、京都の歴史・文化についての講演会や演奏会を開催。

◆キンシ正宗堀野記念館（075-223-2072）：造り酒屋の歴史と町家文化を伝える記念館。名調子の解説つきで町家と酒蔵の見学が出来る。酒造道具類などの貴重な資料も展示。見学の後は日本酒や地麦酒の試飲も。

◆京都市伝統産業新興館・四条京町家（075-213-0350）：元は明治43年に建てられた鋼材卸商の隠居所。無料で見学できるほか、レンタルスペースとして貸し出しも。ラウンジ・ショップも併設。

大阪府茨木市
万博記念公園の
空中観察路
「リラード」。
森の上に
渡された
遊歩道を
歩く。
ふだんあまり
見る機会の
ないこずえの
景色を
「鳥の目」で
真近に見る.
言わば
樹上散歩。
展望台からは
さらに遠くが見渡せる。
高え
風にゆれる
木々が
緑の海の
よう。
降りて
今見た森を
歩くと
ヤマモモが
実をつけている。
すっぱ
上の方いっぱい
なってるのになぁ
それは鳥の分。

鳥の目

59●58

第29回

(2001年7月2日)

21世紀今昔

「人類の進歩と調和」をテーマに大阪で万国博覧会が開かれたのは一九七〇年のこと。SFに描かれた未来都市のイメージそのままの建築群を今も覚えている。その跡地が今は一面の森。少し猫背の太陽の塔だけが当時の面影を伝えている。

自然と文化の百科事典

敷地の大部分を占める自然公園と、大阪万博当時からある日本庭園。この二つが、万博公園の「自然の顔」担当といえるでしょう。それに挟まれて、文化施設が立ち並びます。とくに圧巻は民族学博物館で、世界中の各種生活用具、仮面、楽器、舟、自動車など一日では見きれないほど。各国の資料が集められた児童文学館も魅力的。周りには遊園地「エキスポランド」や各種スポーツ施設もある、総合的な公園。訪れる度に一つずつ目的を定めて攻略していくのがお勧めです。

一日森林観察者

「太陽の塔」の西に広がる森に、万博開催三十周年を記念して設けられた空中観察路が、ソラードです。森を立体的に観察してみよう！　というこの試み。そんな難しいことは抜きにしても、普段見られない角度で、至近距離から森を眺められる、というだけでわくわくできます。鳥の気持ちになって空想の翼をはためかせてみたり、いつもとちがう角度に、科学的な（もしくは哲学的な?）考察をめぐらせてみたり。一日だけの森林観察者気分を味わうにはもってこいの場所です。

あんない

◆自然文化園（06-6877-3331）へは、大阪モノレール（大阪空港・阪急電鉄「南茨木」・京阪電鉄「門真市」などから）「万博記念公園」または「公園東口」下車。あるいはJR「茨木」・阪急電鉄「茨木市」・北大阪急行電鉄「千里中央」からバスで。

E.T.
USJ《ユニバーサルスタジオジャパン》にて
ー嘘です。
ここは博物館さがの人形の家。
(右京区)
からくり人形の特別展示をしていると聞いて見に行ったのだ。
ほお
さっきのは神戸ドール、明治頃のからくり人形
首がのびる
ベベン
今回たまたま別に取材に来ていた京都新聞Y記者にばったりあって撮影許可をとってもらう。
アポなし
使い捨てカメラ
Tシャツ
取材の基礎を学ぶ。
あちょっと写真に入ってください。
え
ナルホド
たまたま来ていた神戸のKさん
さてそんな人間の時間の外側で
いよっと
人形たちは人形の時間を生きている。
しゃなり
作り手よりも誰よりも長い時間。
おや異人さんがとおる
まあ
ところで前から気になってたんだけどお前本当に亀って
はて?
耳

人形時間

61●60

第30回

(2001年7月16日)

動く人形

人形を少しずつ動かしてコマ取り撮影する人形アニメというジャンルがある。トルンカや川本喜八郎といった巨匠がいる。人形を見るとそれを動かしてみたいという気持ちはよく分かる。

からくり人形を作った人たちもそういう気持ちだったのだろうと思う。

嵯峨嵐山
人形マップ
愛宕念仏寺
(おたぎ)
1300体のお地蔵さん
新しいものだけで個性的で一見の価値あり
本物
嵯峨鳥居本町並み保存館
ミニチュア
まゆ村
まゆで作った
オリジナル
人形の
店
嵯峨嵐山をまわるならレンタサイクルがおすすめです。
化野念仏寺
(あだしの)
かつての葬送の地、8000体の石仏と石塔
収蔵数20万!
さがの人形の家
国宝
釈迦如来立像
えんん
清涼寺本尊
巨大こけし
清涼寺
信楽焼
小陶苑
博物館
想い出
落柿舎
2Fはキューピー美術館
土鈴
井浦人形店
人形作家
森小夜子さんの
工房と喫茶
アイトワ
竹林
京都嵐山オルゴール博物館
丸太町通
嵐山オルゴール館
トロッコ列車
トロッコ嵐山
JR嵯峨嵐山
トロッコ嵯峨
清滝道
鵜飼
(第32回)
天龍寺
美空ひばり記念館
金色
京福嵐山線
嵯峨駅前
嵐山
安部晴明のお墓
三条通
桂川
法輪寺
人形供養(10/15)
さる(本物)
嵐山モンキーパーク
いわたやま
くま
(ぬいぐるみ)
どうぶつたちの音楽村
オルゴールとぬいぐるみ
阪急嵐山

博物館「さがの人形の家」

赤の門が目に鮮やかな博物館「さがの人形の家」。精巧なからくり人形、嵯峨人形に御所人形、郷土人形と、多種多様な人形に、思わず見入ってしまいます。約二〇万点の人形は、適宜入れ替えて展示していて、訪れるたびに新しい驚きがあります。

人形工房アイトワ

木立のなか、思わず通りすぎてしまいそうな、白地に緑の「アイトワ」の看板。森小夜子さんの工房と併設の喫茶店です。民族衣装をまとい、愛らしさのなかに凛とした色を漂わせる人形たち。一度見たら忘れられない印象を残します。

祇園祭
宵々山は雨。
ばしゃ
ばしゃ
ああいうのは
彼氏とやから
ええねんなあ
なあ
たしかに
ざー
ぱたぱた
歩行者天国に
なっていた
四条通から
歩行者も消え
路上には
雨しかない。
アスファルトに
とっては
ちょっとした
骨休めだ。
翌日宵山は
雨も上がり
四条通は
人の川になる。
こん
ちき
ちん
また来た
車のものだった
アスファルトを
踏んで歩く
快感。

祇園祭とアスファルト

63●62

第31回

（2001年7月23日）

目のつけどころ

このマンガを描いた後、近所の靴屋さんに行ったら、このあいだのマンガの靴、うちで買ったやつでしょう、と言われた。

なるほど、この回の最後のコマの靴はそこで買ったものだった。

さすが、プロは目のつけどころが違う、と感心。

町衆の祭

町中に祇園囃子《ぎおんばやし》のコンチキチンが響きだす七月、「もう夏か……」という思いがふと胸をよぎります。祇園祭というと、十五日の宵々山《よいよいやま》、十六日の宵山と十七日の山鉾《やまぼこ》巡行が浮かびますが、実際には、一日の吉符入りから月末まで、まるまるひと月に及ぶ壮大な祭です。

もとは祇園御霊会《ごりょうえ》といい、八六九年、疫病がはやったときに、当時の国数「六十六」の矛《ほこ》をたてて祭りを行い、神泉苑に神輿《みこし》を遣わしたのが始まりです。矛をかつぐだけの質素なものだった御霊会ですが、十一世紀の末には田楽《でんがく》衆が入って次第に豪華になり、祭の代名詞でもあった「賀茂祭（葵祭）」（第23回参照）に対抗する大きな祭礼に発展しました。

応仁の乱の後、京の都は灰燼に帰し、御霊会も途絶えました。しかし、「たとえ神事はなくとも、風流の行事は残したい」という町衆の心意気により、四半世紀を経て、祭は復活しました。その後、何度か途絶の憂き目を見つつも今日まで伝えられています。祇園祭はまさに、町衆の心に支えられ、町衆の心に息づいている祭りなのです。

コンコンコン
は!
ん?
何だあの光は
え
わ
そら入った。
ばしゃばしゃ
嵐山の鵜飼を見に行く。
わ
そらそらっ
ギイッ
千年の歴史を持つ古式ゆかしい漁法
コンコンコン
それにしてもこの暗い中で泳ぐ魚をとらえる眼力は只者ではない。
鵜の目鷹の目とはよく言ったものだ。

（2001年7月30日）

桂川

この辺りは桂川の上流にあたる。何年か前まで桂川の近くに住んでいて、自転車でこの辺まで来たことも何度もある。鴨川ほど整備されていない分、川が身近な感じがする。川が近くにないとどうも落ちつかないのは名前のせいなのかなんなのか。

屋形船から

鵜飼といえば美濃の長良川が有名ですが、ここ嵐山の大堰川《おおいがわ》でも平安の昔から行われた漁法で、在原業平が嵐山鵜飼を詠んだ歌も残っています。夜、篝火をたいた舟が出ると、風折烏帽子に腰蓑姿の鵜匠が、手縄の先の海鵜を操って鮎などを捕ります。その様子は川岸からも見ることができますが、屋形船に乗って情緒を味わうのもまた一興。京都の夏には欠かせない納涼行事のひとつです。

保津川～大堰川風景

三つの名を持つ川

川下りの舟が出る「保津川《ほづがわ》」の急流は、嵐山の手前で流れを緩やかにし、「大堰川」と名を変えます。昔、氾濫の多かったこのあたりに、地域の豪族、秦氏が築いた大きな堰の付近をそう呼ぶのです。その大堰川も、渡月橋の下からは桂川《かつらがわ》となり、やがて鳥羽で鴨川に合流します。行政上はすべて「桂川」なのですが、嵐山のゆったりした風景には、やはり大堰川の名が似つかわしい気がします。

鷹に負けじ

ひとくちに鵜といいますが、鵜の仲間は約三十種類にも及びます。そのなかで鵜飼で使われるのは「海鵜《うみう》」。冬になるとシベリアからやってくる渡り鳥です。遠目にはそれほど大きな鳥には見えないのですが、体長は約八〇㎝、翼を広げると一三〇㎝ほどにもなります。

鵜飼図解
篝棒(かがりぼう)
鵜匠
そらっ そらっ
なか乗り
とも乗り
篝火(かがりび)
風折烏帽子(かざおれえぼし)
篝(かがり) 鉄製のかご
腰みの(防水用)
海鵜
手縄(たなわ)

あんない

◆見物船の問い合わせは嵐山通船(075-861-0302)まで、トロッコ電車は嵯峨野観光鉄道「トロッコ嵯峨」(075-861-7444)まで。

猿に会う

67●66

第33回

じーわじわじわじわ
え？
たっ
こんな近所で猿に会うとは思わなかった。
たたたっ
………
近くの小学校に参院選の投票に行ったあと、足をのばした赤山禅院山門前でのこと。
ああ時々来ますよ。
来る時は何十匹も集団で。
お姿みく
500円
一匹ならはぐれかもしれませんね。
まだ他にもいるかなあ。
あ。
いたいた。
あれ一匹じゃない。
あ
親子だ。

（2001年8月6日）

猿と人

関西で猿といえば箕面が有名だが京都にもけっこういるのである。

嵐山のモンキーパークいわたやまでは猿を身近に見ることができる。

人間とよく似たニホンザルたちの仕草を見ていると、ああ人間も猿の一種なのだなあ、と思う。

天にあって福禄寿

赤山《せきざん》明神を祀る神仏習合の寺院。都七福神のひとつ「福禄寿」のお寺でもあります。福禄寿は幸福・高禄・長寿を招来する神様で、それを象《かたど》った可愛らしい「お姿みくじ」（下段2コマ目）なども売られています。また、都の北東に位置することから、表鬼門の守護とされ、方除《かたよ》けの神として信仰されています。そしてなにより、ここは隠れた紅葉の名所で、秋には境内がまっ赤に染まります。

都七福神
福
福禄寿（赤山禅院）
寿老人（革堂）
大黒天（松ケ崎大黒天）
布袋尊（萬福寺）
弁財天（六波羅蜜寺）
ゑびす神（恵美須神社）
毘沙門天（東寺）

本殿屋根のサル
手水舎のサル
あり？

鬼門の猿

赤山禅院本殿の屋根には、鈴と御幣《ごへい》を手にした猿の像。都を守る山王様の使いだから、難を「去る」から、など諸説ありますが、真偽のほどは謎。手水舎《ちょうずや》の屋根にも愛らしい子猿があしらわれています。

嵐山のサル
どうすか

実は食わザル

近郊で野猿が生息しているのは亀岡から嵐山にかけてと、比叡山近辺。離れ猿なら雄一匹のはずが、作者の出会った二匹は親子なので、そう遠くない処に群れがいたのでしょう。この猿が失敬したのは青柿。実ではなく、まだ柔らかい種が好物なのです。なお、里へ下りるのは、冬場でもない限り、山に食物がないからではなく、おいしい餌を狙って来るのだそうな。

あんない

◆赤山禅院（075-701-5181）周辺は第17回も参照。「嵐山モンキーパークいわたやま」の案内は http://www.iwatayama.ne.jp/ に詳しい。

瀟洒《しょうしゃ》なテントが居並ぶ中我々のキャンプは異彩を放っていた。
朽木村は安曇川のほとり
ZZZ…
おがわさん淵の方行きますけど来ます?
あ、行く行く。
むくっ
やっ
ざぶん
おお、すごいね。
ぱしゃ
ばしゃばしゃ
河原では巨大シャボン玉作りに挑戦。
まるで古いSF映画に出てくる不思議な宇宙生物のようだ。
でも環境にはあまりよくないですね。
そうだね。
じゃ僕も。
環境破壊の片棒
えっ、もう液ないの?
すいませーん。

シャボン玉ホリデー

第34回

(2001年8月20日)

役割分担

再びキャンプネタ。

一緒に行った友人は角材をドリルで固定したり、野菜を切ったり、魚を釣ったりしているが、だいたい僕はこういうときには役に立たないことになっている。

人にはそれぞれ役割があるのだ。

僕は役立たず担当。

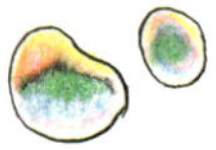

京都の夏
そよとも動かず
地蔵盆
（8月後半）
京都の夏は暑い。
しかもひどく蒸す。
もあ〜〜
五山送り火が終わると夏も終わりというが
実際には九月に入ってもまだまだ暑い。
※普通は8月16日です。
そして京都市の近くには海がない。
鴨川で水遊びをする子どもを見ると
ほんとにうらやましいと思う。
ばしゃばしゃ
いいなー
ムクゲ

ウツボカズラの捕虫袋は
葉っぱの先についている
というのをはじめて知った。
へぇ
府立植物園の温室でやっていた食虫植物展にて。
いつ来てもここには奇妙な植物があふれていて
お手軽に異国気分が味わえる。
大人四〇〇円(※)
超格安熱帯ツアー。
それにしてもこの巨大さ異様さは圧倒的だ。
「シダ」のなかま
いつしか太古の森にいるような気分になってくる。
あとは恐竜さえいてくれたら完ぺきだ
ーーと
ここに来るたびに思うのだ。

※植物園の入園料込

（2001年8月27日）

ガラスの中の熱帯

71●70

第35回

かみなりトカゲ

恐竜が好きなのである。巨大なシダ植物があればそこに恐竜がいてほしい。ここで描いたのはブロントザウルスのつもり。今はアパトサウルスというのが正式名称なのだけど、やはりこの恐竜には「ブロントザウルス（雷竜）」であってほしい。植物園の話にならなかった。すみません。

緑の風が吹く場所

ここは大正十三年にできた、日本で最初の本格的な公立植物園です。エリアごとに四季折々に様々な表情を見せてくれ、訪れるたびに新しい驚きがあります。広大な敷地、入場料も手頃なので、家族で、デートに、一人きりでも、街中で自然の風を感じたいときのお薦めスポットです。

観覧温室で空想旅行

入口にはラフレシアの標本。数々の食虫植物、名前だけでも興味をそそる「奇想天外」。芳香を放つイランイランに、お馴染みバナナやポインセチアなど、約四五〇〇種の植物が、巨大な温室の中に待っています。

熱く湿った空気を吸い、水音を耳に熱帯植物を眺めれば、恐竜たちの太古の昔へ。痛いほど乾いた砂漠・サバンナ植物室で巨大サボテンに囲まれて西部劇の世界へ。想像力の翼に乗って、時空を越えた旅ができます。

京都府立植物園

地下鉄北山駅
北山通
北山門
陶板名画の庭
つばき園
ワイルドガーデン
宿根草・有用植物園
針葉樹林
なからぎの森
梅林
盆栽展示場
植物生態園
桜林
竹笹園
賀茂川
はなしょうぶ園
芝生
温室
くすのき並木
ばら園
洋風庭園
森くん広場
正門

あんない

◆京都府立植物園（075-701-0141）は http://www.pref.kyoto.jp/plant/index.html に詳しい。近辺については第９回を参照。

宇治市の黄檗山萬福寺を訪れた。
なるほど
木魚だ。
さっきのは魚梆《ぎょほう》といって木魚の原型だという。
開祖隠元は明の人。インゲン豆のインゲンはこの人の名前から。
ほぉ
ガイドブック
「山門を出れば日本ぞ茶摘み唄」と歌われた中国風の禅寺。
天王殿
緑色の実がなっていた。
秋に黒く熟す。
奥にキハダが植えられていた。
駅名にもなっている黄檗はもともとこの木の別名だ。
そー
坐禅中お静かに
おおげさ

木の魚と黄檗《おうばく》の木

73●72

第36回

(2001年9月3日)

駅名

京阪電鉄に乗るとき黄檗《おうばく》という駅名がちょっと気になっていたのだ。もともと中国福建省に黄檗山萬福寺というのがあり、その住職の隠元が日本に入って同じ寺号の寺を開いた、ということらしい。ひとつ賢くなった。京都には気になる駅名が他にもたくさんある。

総門
マカラ
足
中国
日本

門のなかの中国

総門の中央が高く左右が低い屋根は中国の牌楼《ぱいろう》式。水の神マカラは魚のようですが足があります。天王殿には、いまにも笑い出しそうな金色の布袋さんが鎮座。東寺や赤山禅院と同じく、都七福神（第33回参照）の一つに数えられています。

木魚《もくぎょ》の原型、魚梛があるのは斎堂（僧衆の食堂）の前。日常の行事や儀式のたびに打ち鳴らされるので、胴の真ん中は鮮やかな木の色が剥き出しになっています。口にくわえた玉は煩悩を表し、魚は眠るときも目を開けていることから、修行僧を戒める意味があるのだそうです。

金色の布袋様

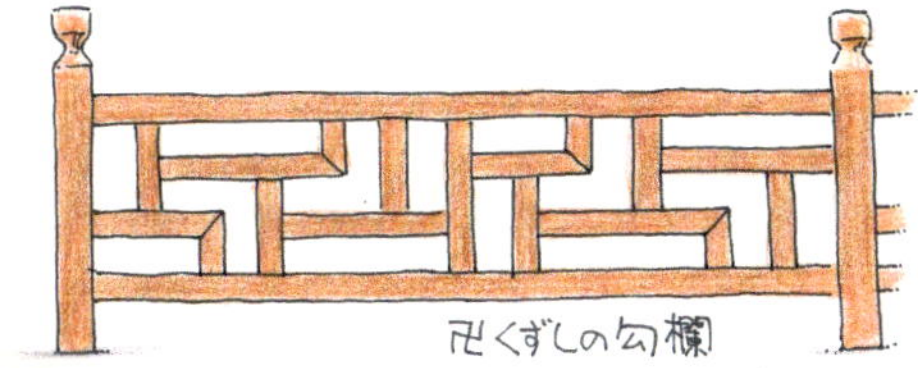
卍くずしの勾欄

明朝体

版木にこめられた情熱

隠元禅師《いんげんぜんじ》が携えてきたものに一切経（仏教百科事典のようなもの）があります。ここで修行した鉄眼禅師は、日本に一切経を広めることを決意し、十四年の歳月をかけて全六九五六巻、六万枚の版木《はんぎ》を完成。それが明版の経であったため、この書体が「明朝体」と呼ばれるようになったのです。原稿用紙の「四百字」も一切経一頁の文字数に拠るものなのだとか。

昼なお暗い法蔵院の階段を昇ると、ぎっしり版木の積まれた棚が並んでいます。この版木は今も使われていて、黙々と一枚ずつ墨を載せバレンで刷る様子を見ることができます。

あんない

◆萬福寺（0774-32-3900）へは京阪電鉄「中書島」乗り換え宇治線「黄檗」下車、徒歩10分。

まるで何もなかったかのような美しい朝だった。
朝日をあびた山々が輝いていた。
どこかで子どもの泣く声がした。
姿が見えなくともそこに人がいる。
寒い朝だった。
朝日が差しても寒さが去らなかった。
ふるえが止まらなかった

（2001年9月17日）

その朝

75●74

第370

2001.9.11 / 2003.3.20

二〇〇一年九月十一日深夜、何も知らずに家に帰った。テレビではニューヨークの信じがたい映像を繰り返し流していた。朝までまんじりともせずその映像を見ていた。その朝。

この文章を書いている今テレビではバグダッド空爆の映像が繰り返し流れている。

ここはさいはて。乾いた砂と渇いたひとびとの土地。
立ちはだかる壁に寄り添うようにして、
諦めた者たちが暮らしを築いている。
壁に拠らずば暮らしは立たず、
壁に拠っては暮らしは続かず。
信ずるに足りない壁に頼らざるをえない暮らしに、
ひとびとの諦めはいっそう深くなり、
赤ん坊でさえその眉間にしわを刻んで泣く。
項垂れたとき、ひとびとは、地を這う蟻をみる。
蟻は、一噛み二噛み、壁に穴を穿っている。
その地道な働きの結果、見よ、
蟻は、壁に遮られることなくふたつの土地を往き来する自由を得ている。
我々は、勇気ある蟻になることができる。

実駒

ばしゃ
ばしゃ
ばしゃ
安井金比羅宮(東山区)の櫛まつりを見にいった。
櫛まつり
時代風俗行列
古墳時代から現代の舞妓までの装束を身につけた女性たちが祇園の街を行く。
鎌倉時代
その摩《ま》訶《か》不思議なヘアスタイルは
遠い昔のもの
というよりむしろ
遠い未来のファッションめいて。
これと比べたら今の女の子のヘアスタイルなんてすごく大人しいよね。

(2001年10月1日)

祇園のタイムトラベラー

第38回

絵馬と日本髪

安井金毘羅宮には絵馬館があって、貴重な古い絵馬の他にマンガ家の描いた絵馬が多くある。手塚治虫先生をはじめ、劇画全盛期の懐かしい名前の数々、挿絵画家武部本一郎さんの描いた絵馬も。櫛祭の髪形については日本髪資料館で教えていただいた。左頁はその成果。

悪縁を切り 良縁を結ぶ

〈瀬を早み岩にせかるる滝川の別れても末に逢はむとぞ思う〉……保元の乱に敗れ讃岐に流された崇徳天皇が讃岐の金刀比羅宮《ことひらぐう》で、一切の欲を断ち切ってお籠りをしたことから、断ち物の祈願所として信仰されています。男女の縁、病気、酒、タバコ、賭け事、さまざまな悪縁を断ち切り、良縁を結んでくれるのだとか（良縁に恵まれ男女が参ったからといって縁が切れることはないそうです）。境内の「縁切り縁結び碑」には願い事を書いた形代《かたしろ》がびっしり貼られ、もとの石が見えないほどです。

太古島田
(古墳時代)
日陰蔓
(ひかげのかずら)

Q：この絵馬はどういう意味？（答はこのページの下）

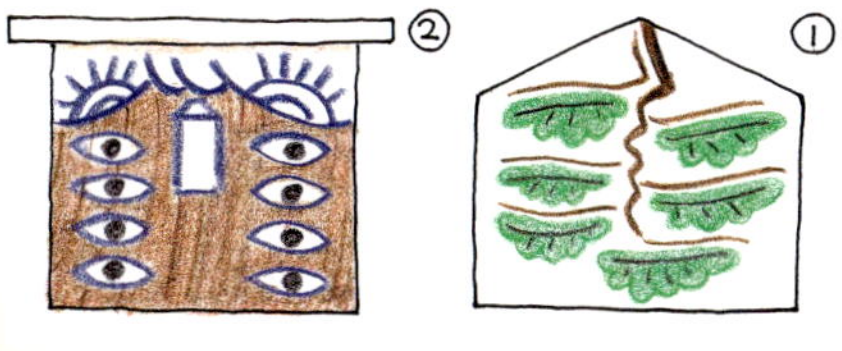
②
①

髪型タイムトラベル

櫛《くし》祭は、古くなった櫛や簪《かんざし》に感謝して供養する祭。一九六一年に京都の美容師が中心になって始められました。境内の久志塚に櫛を奉納した後、時代風俗行列が行われます。古墳時代の男性の「みづら」にはじまって、現代の舞妓さんの「割れしのぶ」や「奴島田《やっこしまだ》」まで、約五十人。すべて、鬘《かつら》ではなく地毛で結われています（これには独特の技術と修練を要するそうです）。運悪くお祭を見逃された方は、近くの日本髪資料館にある小さな鬘を御覧ください。

元禄島田
江戸
前期
セキレイ髱
(づけ)
唐輪
(からわ)
桃山～江戸
カモメ髱
(づけ)
頭上二髻
(ずじょうにけい)
双髻
(そうけい)
飛鳥奈良時代

神様に願う絵

古来、神霊は馬に乗って降臨という信仰から、神事や祈願には生きた馬を捧げることもありました。代わりに絵で奉納するようになったのが「絵馬《えま》」の起源だそうです。さて、この絵馬館に展示されているのは、一mを超す大絵馬から、上のような、字の書けない庶民による素朴なものまで、多種多様。現代の著名人も、歌手に落語家、マンガ家（手塚治虫・水木しげる等）と、顔ぶれさまざま。一方、併設の「ガラスの部屋」は、チフーリの大作「海の神」が圧巻。ガレやラリックの小品も並びます。ガラス細工好きには垂涎ものです。

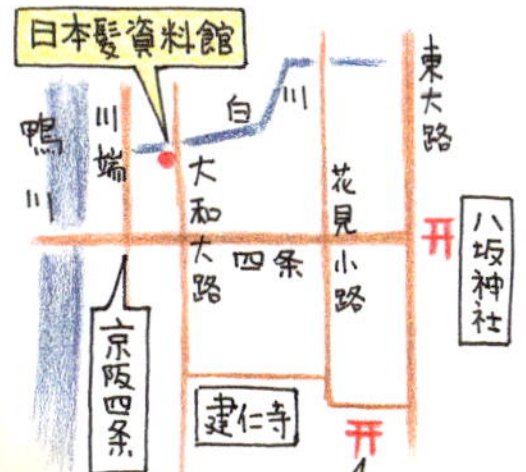
日本髪資料館
鴨川
川端
白川
大和大路
花見小路
東大路
四条
八坂神社
京阪四条
建仁寺
安井金比羅宮

あんない

◆安井金毘羅宮（075-561-5127）へはバスなら「東山安井」下車。京阪電鉄「四条」から南東へ祇園界隈を抜けて歩いても近い。日本髪資料館（075-551-9071）は、古代から現在の舞妓・太夫まで115点の髪型と多数の髪飾りを展示した本格的な日本髪の資料館。舞妓・太夫さんの髪型を体験できる体験コーナーもある。

① 松が逆さで「逆まつげ」 ② 目が八つで「病み目」 ともに平癒祈願の小絵馬

国宝東求堂 他が
特別公開されている
銀閣寺を訪れる
弄清亭には
たまたま他に
客がなく、
おだやかな声の
ガイドさんと
ぜいたくな
時間を過ごす。
かこーん
奥田元宋襖絵
雨上がりの
銀閣寺は
深い色に
沈み
苔《こけ》の緑が
美しい。
気の早い
もみじが
すでに
色づいて
いた。
あ
また
降ってきた。

雨上がり、銀閣

79●78

第39回

(2001年10月22日)

箱庭

哲学の道の北端から大文字山を正面に見て東に進むと銀閣寺である。

すぐ西側を走る白川通はもう町中なのだが、ほんの少しの距離で雰囲気ががらっと変わる。

小さな面積にいろんなものがつめこまれている。そういうところも京都らしいところかなと思う。

夢の跡の静寂

正式名称は東山慈照寺。足利義政の山荘、東山殿《ひがしやまどの》が、義政の没後に臨済宗の寺院となりました。

銀閣寺垣に囲まれた参道から、辺りは静謐な空気に満ち、簡素枯淡の美の世界へと誘います。波紋を模した白砂の広がる銀沙灘、白砂の盛られた向月台、池を巡る庭園を歩くうちに心がしんと静まっていくようです。

文人たちの後ろを歩く

銀閣寺から若王子《にゃくおうじ》神社まで、疏水分流に寄り添った約二kmの散策路は、かつて、哲学者・西田幾多郎など、文人たちが好んで歩いたことから「哲学の道」と呼ばれ親しまれています。

哲学の道沿いの疏水分流は、京都の川には珍しく、南から北へ流れています。川べりを散歩するときは一度確かめてみてください。

京都を甦らせた水路

遷都による人口の急減、産業の衰退。その京都に活気をとり戻すための妙案が疏水《そすい》建設でした。約二〇kmの水路を拓く計画は、すべてが日本人の手による初の大規模土木工事でもありました。弱冠二十一歳の田辺朔郎を主任技師とし、五年をかけて完成したこの琵琶湖疏水は、物資の往来、発電による工場建設・日本初の電鉄敷設など、京都復活の原動力となったのです。

哲学の道マップ
いい天気だね
白川今出川
BUS
銀閣寺道
はっ
人生とは!?
哲学の道
銀閣寺
うーむ
桜が美しい
花はなぜ散るのか
時の流れとは
法然院
美とは
自然とは
なぜ私は走るのか
なぜ我々は光るのか
ゲンジボタル
人は人われはわれなり
生命とは
愛とは
僕の存在理由とは
ちゅー
なぜ水が南から北へ流れているのか
認識とは
そもそも今は何月なのか
大豊神社
狛ねずみ
人生は謎に満ちている!?
なぜねずみ
おなかすいたね
うん
若王子神社
永観堂
南禅寺

あんない

◆銀閣寺（075-771-5725）へは市バス「銀閣寺道」から徒歩 10 分（第 12 回も参照）。

◆法然院は 075-771-2420、大豊神社は 075-771-1351、熊野若王子神社は 075-771-7420。哲学の道の南端からは市バス「東天王町」（白川丸太町）か地下鉄東西線「蹴上」が便利。岡崎公園（第 15 回）も至近。

第40回（最終回）

ざー
本当にやるのかな。
鞍馬の火祭当日は雨。
神事にまいらっしゃれ
小雨の中祭が始まる。
水の中の炎。
舞い上がる火の粉が赤い魚の群れに見えた。
雨足が強まるにつれ炎は勢いを増した。
サイレイヤサイリョウ！

御愛読ありがとうございました。

（2001年10月29日）

雨の火祭

連載最後は時代祭にしようと思ったら雨で延期になって当てがはずれた。火祭も同じ日なので、まさかやらないだろうと思っていたら雨天決行。半信半疑で出かけた。結果的には火祭で締めくくれてよかったと思う。一番好きなお祭なのだ。

おるすばん

あとがき

この本は二〇〇〇年十月初めから二〇〇一年十月終わりにかけて、「おがわさとしの虫の目」のタイトルで京都新聞に連載されたマンガを元に、あれやこれや書き足してつくったものです。右頁のマンガの部分が連載当初のもので、後はすべて書き下ろしです。

どちらかというと出不精な僕が、この連載のために一年間毎週どこかに出かけることになりました。単行本化にあたって再取材に行き、おかげでいろいろと新しい発見がありました。中には、「なにも京都でなくてもこんなものはあるだろう」ということもあるとは思いますが、視線を落とし、ていねいに見れば、どこにでも面白いものはあるのだと思います。

一つの作品は一人の人間によってできるものではありませんが、今回の仕事では特に様々な分野の様々な人のお世話になりました。

連載のきっかけを作ってくださった京都新聞の林亨さん。連載時にお世話になった担当の吉澤健吉さん、堀尾浩範さん。

今回本にするにあたって、マンガを補うガイド部分の文章全般を担当してくれた福島佳子さん。彼女はライターに留まらず、本作り全体に力を発揮してくれました。どんどん予定から遅れていく原稿を粘り強く待ってくださった編集の津田敏之さん、いろいろとご心配おかけしたとびら社の堀江利香さん（嵐山取材楽しかったですね）、こちらが素材の形でお渡しした原稿をセンスのよい本に仕上げてくださった鷺草デザイン事務所の上野かおるさん、北尾崇さん、印刷しにくい微妙なカラー原稿を忠実に再現してくださったサンエムカラーさん。

御忙しい中文章をお寄せいただきました竹宮惠子先生（もったいないお言葉ありがとうございました）、はたさとみさん（またライブ行きます）、実駒さん（ごはんちゃんと食べるように）、インタビューに答えていただいた梅棹マヤオさん（ホームコンサート楽しみにしています）、四コママンガの原作を書いてくれた横江剛くん（また飲みに行くよ！）。

また、以下の方々にもお世話になりました。
浅葉慎介さん（嵐山モンキーパークいわたやま）、石治さん（鷺森神社）、京都市子育て支援センターこどもみらい館、キンシ正宗堀野記念館、子供の楽園、高木あかねさん、高木すずなちゃん、高島恵美子さん（山中油店、京・町家文化館）、D会の人たち、中村欣司さん、日本髪資料館、博物館さがの人形の家、松井薫さん（住まいの工房）、森小夜子さん（人形工房アイトワ）、森と山の塾のみなさん、安井金毘羅宮、ロングホーンの人々。（以上アイウエオ順）

その他マンガの中に登場していただいたみなさん、京都新聞連載時に読んでくださった読者の方々、そしてこの本を手に取ってくださったあなた、それから執筆中ひざを暖めてくれた猫の「はな」にも。

心より感謝申し上げます。ありがとうございました。

二〇〇三年三月

おがわさとし

おがわ さとし

1962年京都生まれ。その後各地を転々とする。中学三年からは再び京都、今にいたる。京都大学教育学部卒。

1997年「水の下の千の夢」(『ビッグコミック スピリッツ増刊』掲載)でデビュー。その後『ビッグコミック スピリッツ』(小学館)などに短編マンガを思い出したように発表。恩田陸『ロミオとロミオは永遠に』(ハヤカワSFシリーズJコレクション)表紙絵などイラストレーションも手がける。

現在、京都精華大学ストーリーマンガコース専任講師。学生に「先生、マンガ描いてる?」と訊かれる日々。

http://ogawasatoshi.hp.infoseek.co.jp/

京都 虫の目あるき

2003年5月6日 初版第1刷発行

作 者……………おがわさとし

発行者……………堀江洪
発行所……………有限会社 とびら社
145-0071 東京都大田区田園調布 2-11-2 Tel.03-3722-4721
発売所……………株式会社 新曜社
101-0051 東京都千代田区神田神保町 2-10 Tel.03-3264-4973

執筆協力……………福島佳子
造 本……………上野かおる・北尾崇
印 刷……………株式会社 サンエムカラー
製 本……………株式会社 光明社

ISBN 4-7885-0850-8

アナ マリア クリスティーナの
アートヒーリングの世界

アナ マリア クリスティーナ
1500円（税別）
ダンサーとして世界中を駆け巡りながら、心の静寂のために日々アートヒーリングを実践する著者。水彩で描く美しい色の世界に心にしみるメッセージを添えて。

愛しあう母子になる出産

碓氷裕美
1600円（税別）
子どもをもつことが不安だった著者が、妊娠、出産を経て「母としての愛情」を実感。その変化の理由は「生物としてのチカラ」を存分に生かす「自然出産」にあった。

彼女がイジワルなのはなぜ？

菅佐和子・編著
1800円（税別）
同僚OL、主婦仲間、嫁姑、母娘…。身近な女どうしのトラブルを男女四人の臨床心理士が本格分析。嫉妬や競争心など心の奥にひそむ本音に迫る。

ぼくはセラピードッグ（仮題）

大山ひとみ（日本レスキュー協会、ドッグセラピスト）
価格未定
ふつうの主婦が阪神淡路大震災を機に犬との活動を開始。ドッグセラピーは、犬を真ん中にみんながゆっくりつながっていく〝スローセラピー〟だった。

すべて発売元は新曜社